辅导员心理健康教育胜任力培养丛书

U0892782

辅导员深度辅导的谈心谈话技术

田宝伟　胡心怡
张　平　牛　勇　编著

高等教育出版社·北京

图书在版编目（CIP）数据

辅导员深度辅导的谈心谈话技术 / 田宝伟等编著
. --北京：高等教育出版社，2021.2（2025.5重印）
（辅导员心理健康教育胜任力培养丛书 / 马喜亭，李焰主编）
ISBN 978-7-04-055468-7

Ⅰ. ①辅… Ⅱ. ①田… Ⅲ. ①学生-心理健康-健康教育 Ⅳ. ①G444

中国版本图书馆 CIP 数据核字（2021）第 025686 号

Fudaoyuan Shendu Fudao de Tanxin Tanhua Jishu

策划编辑 岳永华　　责任编辑 岳永华　　封面设计 李树龙　　版式设计 杨 树
插图绘制 杨伟露　　责任校对 高 歌　　责任印制 刁 毅

出版发行 高等教育出版社
社　　址 北京市西城区德外大街 4 号
邮政编码 100120
印　　刷 鸿博汇达（天津）包装印刷科技有限公司
开　　本 787 mm×960 mm 1/16
印　　张 13.75
字　　数 220 千字
购书热线 010-58581118
咨询电话 400-810-0598
网　　址 http://www.hep.edu.cn
　　　　 http://www.hep.com.cn
网上订购 http://www.hepmall.com.cn
　　　　 http://www.hepmall.com
　　　　 http://www.hepmall.cn
版　　次 2021年 2 月第 1 版
印　　次 2025 年 5 月第 7 次印刷
定　　价 28.90 元

物 料 号 55468-00

辅导员心理健康教育胜任力培养丛书编委会

总序

马喜亭　李　焰

雅斯贝尔斯在《什么是教育》一书中曾说："教育的本质意味着一棵树摇动另一棵树，一朵云推动另一朵云，一个灵魂唤醒另一个灵魂。"我们感觉，这样美好的句子用于描述心理健康教育更为贴切。心理健康教育是得人心、暖人心、稳人心的工作，是教师与学生之间有温度、有深度、有力度的交流，那些来自心灵最深处的问候，是能够长久铭刻在一个人记忆中的风景。

20世纪80年代中期，以上海交通大学、清华大学、北京航空航天大学、华中师范大学为代表的一批高校率先成立心理咨询中心，开展高校心理健康教育工作。至今，我国高校心理健康教育工作已走过30多年的历程。作为最早的一批高校心理健康教育工作拓荒者，这30多年基本覆盖了我们职业生涯的全程。我们有幸见证了高校心理健康教育从迷茫探索、默默奉献的昨日到成绩斐然、备受重视的今天，其中的点滴，让我们每每想起都心潮澎湃，眼眶湿热。

我们清楚地记得，2000年以后，高校心理健康教育工作进入了快速发展期。特别是在《关于进一步加强和改进大学生思想政治教育的意见》（中发〔2004〕16号）实施后，辅导员成为高校心理健康教育工作的重要支撑力量，这让高校心理健康教育工作体系呈现出鲜明的中国特色。

我们清楚地记得，从2014年《高等学校辅导员职业能力标准（暂行）》，到2017年《普通高等学校辅导员队伍建设规定》，辅导员在高校心理健康教育相关工作中的职责和地位不断被明确与提升，这支队伍已经成为高校心理健康教育工作不可或缺的重要力量。特别是在全员育人、全程育人、全方位育人的高校思想政治工作新格局下，辅导员队伍成为打通服务学生“最后一公里”的排头兵。

我们清楚地记得，在日常工作中辅导员们来去匆匆的身影、热情洋溢的表情。他们是学生思想的领航员、学生管理的司令员、学生教育的宣传员、学生问题的消防员、学生安全的守门员、学生心理的疏导员、学生成长的服务员。因为常进学生门、常知学生事、常解学生忧、常暖学生心，辅导员成为大学里对学生影响最大的人群之一，也是学生感觉最亲的人群之一。

我们清楚地记得，2019年9月，教育部部长陈宝生在全国高校辅导员优秀骨干培训班开班仪式上对高校辅导员给予的充分肯定和高度评价。全国高校辅导员优秀代表身上体现出的爱国奉献的坚定信念、情系学生的高尚师德、甘为人梯的思想品德、育人育才的素质能力、严谨高效的工作作风、科学务实的工作态度，充分体现出高校辅导员队伍肩负的神圣使命。

于是，我们在想，在高校心理健康教育蓬勃发展的今天，对于生逢其时、重任在肩的高校辅导员伙伴们，我们能够做些什么？我们应该帮助他们明确方向、掌握技能、提升水平，共同完成培育学生自尊自信、理性平和、积极向上的健康心态，促进学生心理健康素质与思想道德素质、科学文化素质协调发展的光荣使命，为培养德智体美全面发展的社会主义建设者和接班人做出贡献。正是基于这一想法，我们邀请国内高校著名的心理专家和从事一线心理健康教育工作的老师，与我们一起编写这套“辅导员心理健康教育胜任力培养”丛书，希望为辅导员了解心理健康教育能力内涵、开展谈心谈话、组织团体辅导、设计心理活动、应对心理危机等提供指导，提升辅导员的心理健康教育专业化能力和辅导实效。

这套丛书是教育部思想政治工作司、高等教育出版社重大专项委托课题“辅导员心理健康教育能力提升培养课程建设”的系列研究成果之一，是对李焰教授主编的《高校辅导员心理健康教育能力教程》一书的延伸拓展。李焰教授的这本书与本套丛书形成一加五的模式，完整地诠释了到目前为止我们所理解的高校辅导员心理健康教育能力提升的内容与技能。我们要真诚感谢课题负责人王建中教授从策划到完成过程中对这套丛书的重要贡献。我们要特别感谢著名心理学家、北京师范大学资深教授林崇德先生和上海交通大学党委书记杨振斌教授在暑期繁忙中录制《高校辅导员心理健康教育能力提升培养课程》，并担任本套丛书的学术顾问，这是对全国高校辅导员心理健康教育工作最大的支持和鼓励，让我们感动着，也幸福着。我们要真心感谢参加丛书编写的每位老师，他们分别是：樊富珉、马喜亭、刘明波、田宝伟、施钢、冯蓉等。2020年新冠疫情影响到了每一个人，老师们在既要防控疫情又要服务学生的情况下加班加点完成了写作任务。正是老师们的这种无私奉献精神，才使得这套丛书如期问世。我们还要感谢高等教育出版社岳永华编辑，她对本丛书的认真执着精神和高度责任感，也让我们充满敬意。当然，我们还要感谢在高校从事一线学生工作的辅导员们，你们为学生成长服务的赤诚投入，成为我们编写的动力，让我们共同为可爱的学生们健康成长、顺利成才做出应有的贡献。

最后，我们很荣幸能够通过这套丛书，以中国心理卫生协会大学生心理咨询专业委员会为依托，集结全国部分高校最优秀的临床心理学专家联手协作，将我们投身高校心理健康教育的初心化为笔墨，照亮前方。感恩。

2020 年 10 月

前言

党中央和国家历来高度重视高校思想政治工作。2016 年 12 月 7 日，习近平总书记在全国高校思想政治工作会议上强调：高校思想政治工作关系高校培养什么样的人、如何培养人以及为谁培养人这个根本问题。要坚持把立德树人作为中心环节，把思想政治工作贯穿教育教学全过程，实现全程育人、全方位育人，努力开创我国高等教育事业发展新局面。2017 年 2 月 27 日，中共中央、国务院印发《关于加强和改进新形势下高校思想政治工作的意见》。文件指出：加强和改进高校思想政治工作，事关办什么样的大学、怎样办大学的根本问题，事关党对高校的领导，事关中国特色社会主义事业后继有人，是一项重大的政治任务和战略工程。

《普通高等学校辅导员队伍建设规定》(中华人民共和国教育部令第 43 号)第二条明确规定：辅导员是开展大学生思想政治教育的骨干力量，是高等学校学生日常思想政治教育和管理工作的组织者、实施者、指导者。辅导员应当努力成为学生成长成才的人生导师和健康生活的知心朋友。第五条规定辅导员的主要工作职责是：思想理论教育和价值引领，党团和班级建设，学风建设，学生日常事务管理，心理健康教育与咨询工作，网络思想政治教育，校园危机事件应对，职业规划与就业创业指导，理论和实践研究。

可以看出，党和国家把高校思想政治工作放在战略位置加以重视，高校辅导员在高校思想政治工作领域和学生的健康成长中肩负着神圣使命。高校辅导员承担着教育者、管理者、服务者、榜样与模范公民、人生导师和知心朋友六大角色。现实中辅导员的挑战包括：一是角色多，任务量巨大。二是要求高，角色时有冲突。应对这些挑战，辅导员需要接受一定的专业教育。但目前国内尚没有针对辅导员角色定位和工作职责开设相关专业进行专业教育和培养。虽然教育部、各省教委（教育工委）相继建设了辅导员培训基地，但是没有建立统一的培训体系和职业要求。高校辅导员主要是在有经验辅导员“传帮带”过程中观察和学习到工作内容和工作模式的，甚至有些院校或院系由于有经验辅导员的缺少或断层造成新辅导员的成长主要靠自行探索和领悟。

自 2004 年 10 月 14 日，中共中央、国务院发布《关于进一步加强和改进大学生思想政治教育的意见》（中发〔2004〕16 号）以来，越来越多的学者开始关于高校辅导员胜任力模型、选拔和考核机制等方面的研究并取得了一定的成果，这对于促进辅导员工作的科学化建设起到了重要作用。

“16 号”文件明确要求：要结合大学生实际，广泛深入开展谈心活动，有针对性地帮助大学生处理好学习成才、择业交友、健康生活等方面的具体问题，提高思想认识和精神境界。2008 年 12 月，北京市委教工委提出“确保每一名大学生每年得到一次深度辅导”，后来又提出：辅导员从每一名学生的实际出发，为他们提供个性化一对一的教育服务。

辅导员在深度辅导工作中常常很困惑：如何来做深度辅导？有没有一个框架和思路？有没有可以操作的具体技术？本书以党中央文件精神为指导，以辅导员的胜任力特征的研究成果为基础，吸纳心理学助人理论中的基本内容和操作技术，结合辅导员工作的实际情况，构建了深度辅导的基本结构和操作技术。期望通过本书的编写，使辅导员的深度辅导工作有理论可以支撑、有框架和工作步骤可以遵循、有具体的工作方法和技术可以利用，从而不断推动深度辅导工作的专业化和科学化建设。

参加本书编著的作者都是工作在助人一线的高校教师，有着丰富的助人理论和实操经验，对辅导员工作和学生情况比较了解。具体分工是：第一、十一、十二章由张平（北京邮电大学）撰写；第

二、七、九章由田宝伟（北京交通大学）撰写；第三、五、十章由牛勇（北京交通大学）撰写；第四、六、八章由胡心怡（北京交通大学）撰写。全书由田宝伟负责策划、基本结构设计和审稿工作。

深度辅导是辅导员与学生互动的艺术，是辅导员用自己的生命影响另一个生命的过程。期待辅导员能在本书的帮助下，在深度辅导的理论上不断提升，在助人技能上不断精进，更有力量和效能地帮助学生探索自己的问题，找到内在的力量，获得更快的成长。

田宝伟

2020 年 10 月

目录

第一章 辅导员深度辅导的基本理论及结构

一、深度辅导的概念

（一）深度辅导概念的提出[①]

2004年，中共中央、国务院《关于进一步加强和改进大学生思想政治教育的意见》（中发〔2004〕16号，工作中大家习惯简称为“16号”文件）明确指出：加强和改进大学生思想政治教育要以大学生全面发展为目标，解放思想、实事求是、与时俱进，坚持以人为本，贴近实际、贴近生活、贴近学生，努力提高思想政治教育的针对性、实效性和吸引力、感染力。文件还明确要求“要结合大学生实际，广泛深入开展谈心活动，有针对性地帮助大学生处理好学习成才、择业交友、健康生活等方面的具体问题，提高思想认识和精神境界。”

“16号”文下发以来，高校学生工作人员充分认识到，当前的学生工作任务较以前发生了重大变革。随着客观环境的变化，学生群体特征也发生变化，学生工作者不能再用过去的思维分析当前学生存在的问题，做好学生发展的辅导工作才是当务之急，也只有把学生的发展工作做好了，才能保障各项工作的顺利开展，这也为深度辅导工作理念的提出埋下了伏笔。

2008年12月，北京市召开高校辅导员工作会议。会议特别提出，把“确保每一名大学生每年得到一次深度辅导”作为辅导员工作的重点任务。2009年北京市委教工委在首都高校中大力推行辅导员深度辅导工作，并把开展此项工作

① 查晶．高校辅导员深度辅导案例评析及育人工作指导手册．北京：高等教育出版社，2014：5-6.

作为深入推进大学生思想政治教育的有力抓手和重要举措，对全市辅导员提出了深度辅导工作的具体要求。要求“辅导员从每一名学生的实际出发，为他们提供个性化一对一的教育服务，从而实现全员覆盖和思想政治教育的整体效果。”

经过十多年的探索和发展，深度辅导工作已成为高校辅导员思想政治教育工作的重要组成部分。深度辅导工作，既提升了辅导员学生工作的针对性，为每名学生的健康成长成才提供了良好服务和有力支持，也推动了辅导员队伍的专业化和科学化建设。

（二）深度辅导的具体内涵

深度辅导就是在全面深入了解学生的基础上，依据教育规律和大学生成长发展需要，运用科学的理论和方法，有针对性地对学生在政治、思想、学业、情感、发展、心理等方面存在的问题进行深度的帮助和指导。①

1. 深度辅导工作是一种创新的工作理念

传统的思想政治教育以管理、教导和灌输为主，这种模式已难以适应当前社会环境的变化和学生个体的变化。深度辅导工作把以管理者为中心转变为以学生为中心，把学生的成长成才作为工作的逻辑起点；从以教导和灌输为主的教导方式转变为为学生提供个性化和针对性的服务。② 在辅导模式上从传统的居高临下的单向灌输向平等交流的双向乃至多向沟通转化；在辅导内容上从单纯处理事务性工作向事务性工作与学生的实际生活和自身成长需要结合转化。③

2. 深度辅导工作有科学化和专业化的理论支撑

心理咨询与发展辅导是辅导员工作的基本技能，也是深度辅导工作的理论支撑。辅导员应学习和掌握最基本的心理咨询和助人的基本理论和实操技术，建立有效的辅导联盟，构建富有功能的助人框架，推动学生不断探索问题、获得领悟，促进学生成长。同时，辅导员也要学习生涯规划方面的理论知识和操作技能，提升自身的发展辅导能力，为学生的成长和发展提供有益的探索、思考和支持。④

---

① 王民忠．青春引航：北京高校深度辅导工作的理论与实践．北京：北京交通大学出版社，2012：3.

② 寇红江，王洵．对辅导员深度辅导工作的若干思考．高校理论战线，2010（6）：28-31.

③ 暴占光．个性化深度辅导的心理机制与工作模型．思想理论教育导刊，2010（8）：109-113.

④ 王征，胡雪娜．大学生深度辅导工作模式初探．北京教育（德育），2012（4）：65-67.

3. 深度辅导工作有其独特的工作方法和技术

深度辅导工作不是简单意义上的师生谈话，它是基于心理咨询和生涯规划辅导两大理论基石之上的一种专业化的工作，有其独特的工作途径和方法。

深度辅导工作提出十多年来，许多学者对这项工作的科学化和专业化建设进行了许多有益的探索，获得了一定的研究成果。但深度辅导毕竟发展时间尚短，尚处在发展的初期，因此需要专家学者以及一线辅导员携手研究和总结适合这项工作的工作方法和技术。

4. 深度辅导工作是一种精细工作

每名学生都是一个独特的个体。要做好深度辅导工作，就需要辅导员用真心、爱心、细心、耐心把深度辅导覆盖到每一个过程，细化到每一个环节，规范到每一个步骤，具体到每一个动作，落实到每一个人员，倾听学生的心声，陪伴学生一起探索他们的困惑和问题，激发他们的内在潜能，使他们获得领悟，促进问题的解决和个人的成长。[①]

本书期望从心理咨询的视角对深度辅导工作的理论和具体操作技术进行探索，构建出深度辅导的理论框架及对应的技术，以促进辅导员对这项工作的学习、掌握和使用。

（三）深度辅导、心理咨询、心理治疗的相似性与差异性

深度辅导、心理咨询、心理治疗的关系非常密切，三者都是专业的助人工作，因此相互之间有相似之处，同时也有一定程度的差异性，具体如下：

1. 深度辅导、心理咨询、心理治疗的相似性

（1）目标方面：深度辅导、心理咨询、心理治疗本质上都是一种助人的专业，在目的上也多表现为协助学生自我了解、问题解决、良好适应，利用自身的资源与潜能，达到自我成长与自我实现。

（2）理论方面：都是基于心理学的基本理论、心理咨询与心理治疗的理论，对学生所面临的困扰进行理解。

（3）技巧和方法方面：都强调助人关系的重要性，在建立安全信任的关系、心理介入的技巧和方法上是相似的。

---

① 邢雯芝．个性化深度辅导的思考与实践．内蒙古师范大学学院（教育科学版），2013，26（7）：78-81.

2. 深度辅导、心理咨询、心理治疗的差异性

（1）服务对象方面：深度辅导的工作对象更多的是有疑问或轻微困扰的正常人，如学生偶发性的学习困扰、人际困扰，对现实生活并无明显的负面影响。心理咨询的工作对象主要是有一定程度心理困扰的正常人，对其社会功能已经有一定的影响，如留级同学长时间的适应不良、学生社交焦虑等情况，但未形成障碍。心理治疗则是主要针对有心理障碍的人进行的工作，如某些神经症、人格障碍等。

（2）需要的时间方面：深度辅导需要的时间较短，多为单次或短程的辅导。心理咨询需要的次数相对会更多，并且时间的设置相对稳定。而心理治疗费时较长，治疗次数有几次到几十次不等，甚至更多，需经年累月才能完成。

（3）提供服务的人员方面：深度辅导的提供者多为经过专业训练的学校辅导员。心理咨询的提供者则需要经过系统的专业训练，并取得相应从业资格。心理治疗的提供者则需要更多的专业机构临床实习经验，在人格理论掌握、各种心理障碍的心理评估与诊断、特定的干预方法等方面有专门的训练和要求。

二、深度辅导的目标、基本原则和主要内容

（一）深度辅导的目标

根据不同的深度辅导理论，一般从以下几个方面去理解学生面临的心理困扰，并由此确定相应的目标：

1. 自我的认识和理解

学生的许多困扰源自他们的自我受到损害，可能是自我价值偏低，也可能是自发性健康自我的成长受阻，形成了虚假的自我。通过深度辅导，帮助学生深层地认识自己、理解自己，建设性地提升自尊和自我价值感。

2. 改变对自己、他人与社会的不恰当认知

人的心理困扰不是由所遇到的事件引起的，而是与怎么看待事件的认知方式有关。通过深度辅导，协助学生调整、改变或者拓展对自己、他人、社会等多方面的看法，便为深度辅导的目标。

3. 从行为上学习有效解决问题

导致学生心理困扰的行为本身可以作为靶目标，需通过学习、模仿、训练等

多种方式，建立新的、合适的行为。通过深度辅导，帮助学生更好地从行为上调整自己，解决面临的困惑和问题，从而促进个体的发展。

4. 挖掘个人潜能和资源

有深度辅导理论认为学生本身就具有资源，就有能力解决自身的困扰。有的认为学生之前一定有成功的经验，只需要进一步将成功经验再应用到当下现实问题的解决。因此帮助学生看到自身所拥有的资源是深度辅导的目标，而且这种寻找自身资源并实践的过程，对学生更具有长远的意义，有利于学生不断自我成长，进而达到自我满足的最高境界。

（二）深度辅导的基本原则

1. 尊重学生个体

深度辅导工作是一项建立在人性尊严上的工作，尊重学生是深度辅导的首要原则。尊重体现在将学生作为一个人来对待，相信每个学生作为人都是有价值的、有尊严的，尊重每个学生的独特性，欣赏每个学生内在的自我资源，相信每个人的自我能力。辅导员要相信每个人都是独特的个体，每个学生的心理困扰都有其产生的原因，深度辅导工作首先是要对学生目前的状况在心理角度上给予理解，而不是先入为主。辅导员必须时常自我提醒，尊重学生的个别差异性，避免在辅导的过程中，将自己的价值观有意或无意地强加于学生身上，要看到学生自身的能力和价值。

2. 重视全人发展过程

人的成长发展具有系统性与社会生态化的特点。认知、行为和情绪会交互影响个人的适应能力；身心健康、学习成绩、生涯发展、家庭环境、同辈交往的情况，甚至大的社会环境也会影响个人的发展。因此，深度辅导需要从多方面来理解学生当下的处境与困扰，注重整体，避免以偏概全。

3. 重视合作与沟通

深度辅导通过有效沟通而帮助学生，在学生信任辅导员并愿意合作的基础上，辅导员才能协助学生了解自我、发挥潜能、发掘资源与解决困扰。因此，只有在尊重、平等、双向互动、温暖真诚、安全信任的会谈态度下，学生才能够敞开心扉与辅导员合作、沟通。

4. 重视保密性

保密是双方建立和维系信赖关系的基础。辅导员必须尊重学生的隐私或缺陷，不能随意泄露或将其当作谈资。否则，将极大地损害学生对辅导关系的信任感，这也是辅导员不胜任辅导工作的体现。除非符合保密例外原则，如涉及学生或他人的生命安全，或触及相关法律的情况下，辅导员有义务向有关部门或人员披露学生的状况，并积极协同有关部门做好被辅导者心理危机的处理。深度辅导的保密原则需要在辅导开始阶段向学生讲明。

5. 强调预防性

深度辅导工作以教育性与预防性活动为主，坚持预防胜于治疗的原则。与其问题发生或问题恶化之时，再来亡羊补牢，不如提早增进学生的适应能力与心身健康水平，防患于未然。贯彻预防性原则，除了要加强全员心理健康教育外，辅导员还应加强对学生常见心理障碍的分析与研究，提高心理障碍识别能力，掌握学生常见心理障碍发生、发展的一般规律，对学生常见心理障碍做到早发现与早预防。

6. 重视系统合作

为了更好地解决学生的困扰，辅导员要学会利用学校资源，用系统的力量提升被辅导者的适应能力。如学生出现严重的精神疾病、自杀或杀人的危机时，仅依靠辅导员个人，无法有效面对。因此，必要时要纳入校内外专业资源的协助，如学校心理中心的专职教师和专业精神科医生，以协助学生解决危机问题。学校也可以通过定期的学生研讨会的形式，进一步整合校内外的辅导资源。

（三）深度辅导的主要内容

根据学校深度辅导的工作内涵可以将深度辅导分为生活辅导、学习辅导以及生涯辅导三大类，具体如下：

1. 生活辅导

生活辅导，是针对学生个人的日常生活、社交生活、家庭生活、亲密关系、宿舍关系等方面的辅导，目的是协助学生更好地适应学校生活。

2. 学习辅导

学习辅导，指辅导员通过相应的方法，有针对性地增强学生的学习动机，使学生学会处理由学习问题带来的各种心理困扰。

3. 生涯辅导

生涯辅导，指在辅导员的协助下，学生了解自身的能力、兴趣和价值观，探索职业生涯发展的任务、环境与机遇、所需的能力，能够对自己的职业生涯做出适合、明智的抉择。

■ 三、深度辅导的相关理论

（一）认知行为理论

1. 情绪 ABC 疗法概述[①]

情绪 ABC 疗法属于认知行为流派，是 20 世纪 50 年代末、60 年代初由美国心理学家艾利斯创建的。该疗法认为诱发事件 A（activating events）只是引发情绪和行为后果 C（consequences）的间接原因，而引起 C 的直接原因则是个体对诱发事件 A 的认知和评价而产生的信念 B（beliefs），见图 1-1。即人的消极情绪和行为障碍结果（C），不是由于某一诱发事件（A）直接引发的，而是由于经受这一事件的个体对它不正确的认知和评价所产生的错误信念（B）所直接引起的。错误信念也称为非理性信念。

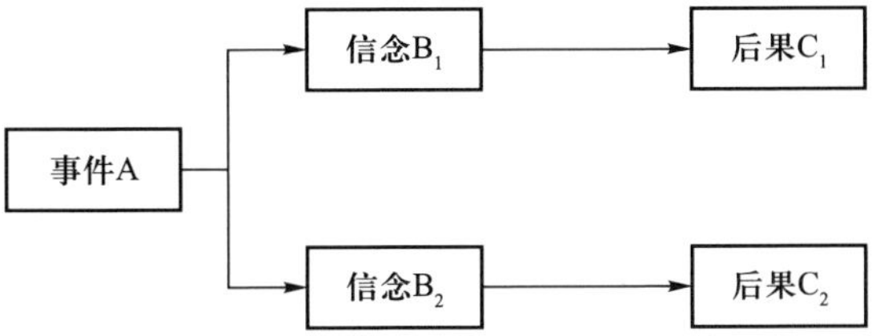

图 1-1　情绪 ABC 理论示意图

图 1-1 中，同样的事件 A，产生了不一样的后果 C_1 和 C_2。这是因为从前因到后果之间，一定会透过一座桥梁 B，这座桥梁就是信念和我们对情境的评价与解释。因为不同的人的信念以及评价与解释不同（B_1 或 B_2），所以会得到不同结果（C_1 或 C_2）。

一旦不合理的信念导致不良的情绪反应，个体就应当努力认清自己的不合理信念，并善于用新的信念取代原有的信念，这就是所谓的辩驳 D（disputing），即用一个合理的信念驳斥对抗不合理的信念的过程，使得被辅导者产生新的结果 E（effects），包括情绪、认知和行为的改变。

例如，同样是报考英语六级，结果两个人都没过（A），一个人认为这次考

① 江光荣. 心理咨询的理论与实务. 北京：高等教育出版社，2012：278-296.

试只是试一试，考不过也没关系，下次可以再来（B_1），所以对结果无所谓（C_1），而另一个人抱着背水一战、不能失败的想法（B_2），对于这样的结果自然伤心欲绝（C_2）。

2. 识别常见的认知歪曲

我们生活中遇到的困境可能与歪曲的认知有关。学习识别并命名认知歪曲有助于学生更理性地看待问题，发展出更有效地解决问题的策略。

以下是一些常见的认知歪曲，辅导员可以在学生谈到某个问题时，引导其探索潜在的认知歪曲；也可以将常见的认知歪曲罗列出来，教会学生分析自己的认知。

（1）非黑即白。用两分法看待事物而不是将事物看作一个连续体。例如，如果我没有取得完全的成功，我就是个失败者。

（2）灾难化。消极地预测未来而不考虑其他的可能结局。例如，肯定会完蛋的，我会无能为力。

（3）情绪推理。因为感觉很强烈，就认为某件事合乎现实，无视或轻视反面的证据。例如，尽管我在工作中表现还不错，但我仍然觉得自己很失败。

（4）贴标签。给自己或别人贴上固定的标签，不顾实际情况下结论。例如，我是个失败者，他是个自私的人。

（5）选择性注意。不看整体，仅将注意力集中于消极的细节上。例如，几次考试都不错，但有一次得了低分，就认为自己学得糟透了。

（6）读心术。坚信自己懂得别人的心思，而不考虑其他可能性。例如，她出来时看了我一眼，肯定认为是我弄脏厕所的。

（7）个人化。相信别人都是因为自己才有消极行为或情绪，而不考虑其他的解释。例如，室友不高兴肯定是我哪里做得不好。

3. 认知行为干预技术对深度辅导工作的启发

一方面，从认知行为治疗的特点来看，它是循证的、短程的、目标导向的、结构化的、聚焦于问题解决的治疗方法。高校学生认知能力好，遇到的困难多为人际关系、各种适应不良、情绪困扰等问题，加之学校心理咨询资源有限，需要快速地聚焦于问题解决的干预方法。认知行为疗法顺应了这些特点和需要，近年来被高校深度辅导工作者广泛接受并应用。

另一方面，认知行为干预技术的有效性还体现在，它教会学生运用学习到的方法与技术帮助自己，使学生成为自己的辅导老师。高校的大学生群体不仅有较好的思维能力与认知水平，而且正处于思维方式与价值观体系形成的过程中，认知行为疗法的技术比较容易被学生掌握，成为他们解决问题的有效工具，帮助他们健康成长和提高社会适应力。

近年来，也有多项研究证明了认知行为疗法在解决大学生抑郁、焦虑等各种情绪问题，以及帮助大学生应对压力方面的有效性。

（二）焦点解决短期心理咨询

1. 焦点解决短期心理咨询概述

焦点解决短期心理咨询（solution-focused brief counseling，SFBC）[①] 是20世纪80年代发展起来的后现代咨询流派之一，由美国威斯康星州密尔沃基市短期家庭治疗中心的创办者史蒂夫·德·沙泽尔（Steve De Shazer）和其夫人因苏·金·伯格（Insoo Kim Berg）等人共同创建、发展起来。沙泽尔于1982年出版了《短期家庭治疗的范式：一个生态系统的取向》，它标志着焦点解决短期咨询的诞生。

SFBC是指以寻找解决问题的方法为核心的短程心理咨询技术。它主要主张以正向的、朝向未来的、朝向目标解决问题的积极观点来促使改变的发生。这里面包含了三个关键词：焦点、解决、短期，其中“焦点”和“解决”紧密相连，是指以问题的解决为焦点，为目标；“短期”是指最少地侵入被辅导者的生活，较快地结束咨询关系，实现咨询目标。

2. 焦点解决短期心理咨询的主要观点和基本技术

沃尔特（Walter）和皮勒（Peller）整理了焦点解决短期咨询的12项基本假设[②]，可以帮助我们更好地了解SFBC，也可视为SFBC的基本观点。

（1）越把焦点放在正向、已有的成功解决方法并迁移运用到未来类似情境上，越能使得改变朝所预期的方向发生。

（2）任何人都不可能每时每刻处在问题情境中，总有问题不发生的时候，这就是所谓的“例外”。这些存在于被辅导者身上的例外情形，常常可以被作为

---

① 许维素．建构解决之道：焦点解决短期治疗．宁波：宁波出版社，2013.

② J. L. Walter，J. E. Peller. Becoming Solution-Focused in Biref Therapy. NewYork：Brunner/Mazel Pub，1994.

问题解决的指引。

(3) 改变随时都在发生，没有一件事是一成不变的。

(4) 小的改变会带来大的改变，最后可以导致整个系统的改变。

(5) 合作是必然的，没有被辅导者会抗拒合作，不同的被辅导者会以不同的方式与咨询师合作。

(6) 人们拥有解决自己问题所需要的能力与资源，咨询师的责任是协助被辅导者发现自己所拥有的资源。

(7) 意义并非由外在世界引起，而是与经验交互建构，是个体透过本身的经验对外在世界的解释。因此，焦点解决短期心理咨询并不重视探究事件本身，而更重视被辅导者对事件的解释，以及在事件中采取的反应与行动。

(8) 每个人对某一问题或目标的描述与其行动是相互循环的，因此可以借由改变个体看问题的观点达到改变行为，也可以借由改变行为达到改变看问题的观点。

(9) 沟通的意义可从收到的反应中来判断，对咨询师而言，咨询过程中沟通的意义要视自己所收到的反应而定。

(10) 被辅导者是他们自己问题的专家，设定什么样的改变目标，应由被辅导者自己决定。

(11) 被辅导者的任何改变，都会影响其与所在系统中他人的互动，也就会带来其他成员的改变。

(12) 凡是有共同目标的人，都是咨询团体的成员，咨询师主要是协助团体成员协商出问题的解决目标，并找出个人可以采取的行动。

可见，SFBC 把会谈的内容更多聚焦在探讨解决方法上，聚焦在会出现什么新的改变而非阻止已经发生的事情。

沙泽尔等人设计了 13 项焦点咨询的技术，包括：正常化、咨询前改变询问、预设性询问、设计攀登问题、鼓舞引领、赞美、从最先出现的迹象开始改变、询问奇迹原因、关系询问、例外询问、应对询问、任务或家庭作业、引出放大加强再开始询问。

其实，焦点技术不限于这 13 项技术，它应该是个开放的系统，所有符合焦点理念的咨询方法都可以纳入焦点技术中。

3. 焦点解决短期心理咨询在辅导员工作中的适用性①

辅导员的很多工作都是在与学生的交流、交谈中展开的。在交谈中，时常会碰到学生的心理困扰、生活烦恼等发展性问题，如何快速、高效地帮助学生解决这些问题，是辅导员十分关心的问题。相比一些传统的咨询技术，焦点解决短期心理咨询只要经过短时间的培训就可以基本掌握，特别适用于没有心理学专业背景的人员。目前多数辅导员不具备专业的心理咨询技能，而通过焦点解决短期心理咨询方法、技术的学习、训练后是可以学以致用的。焦点解决短期心理咨询摒弃传统病理模式的分析，强调个人正向能力的思考和学习，强调以正向为焦点的思考、改变永远在发生、被辅导者是解决自己问题的专家等咨询信念，这样的理念与学生工作理念相契合；技术又比较简便、易学，用时短、成效高，焦点直接着眼于被辅导者的目标，立足于解决问题，不需要涉及过往，不过多分析深处原因，且把每次咨询都看成是最后一次，耗时少，因此可以减少在单个学生会谈上所花费的时间，这对于需要面对庞大学生数量的辅导员来说，可以在单位时间内帮助更多的学生，有利于提高辅导工作的实效性，因此很受辅导员的欢迎。

4. 焦点解决短期心理咨询技术对深度辅导的启发

（1）接受焦点解决短期心理咨询技能的培训并灵活运用。辅导员要接受焦点解决短期心理咨询技能的培训，并不断地实践，才能保证技能的正确掌握和有效应用。由于焦点技术有局限性，因此在碰到心理障碍程度严重的大学生案例时，不能生搬硬套，需要在全面评估之后，合理地综合应用多种咨询技术，必要时及时转介。

（2）相信学生是解决自己问题的专家。辅导员在运用焦点解决短期心理咨询时，需要转变观点，要坚信来访学生是解决自己问题的专家，坚信他们身上蕴藏着巨大的能量和资源。咨询过程中，辅导员的作用转化为陪伴、倾听、引导、鼓励、强化，而非一味地帮助或代替学生思考，辅导员要善用“例外”，引导学生正确使用自我力量，寻找资源，探索方法，化解遇到的心理危机或其他生活事件。

（3）多给予来访学生肯定和赞美。语言是会谈过程的基本工具，来访学生往往带着问题而来，如果谈话中过多聚焦探讨问题，会让学生更为沮丧、难过。

---

① 刘盆美，徐町．新时代背景下高校辅导员工作方法的新视角——基于焦点解决短期心理咨询技术．高教学刊，2019（16）：155-157.

焦点解决短期心理咨询相信即使学生有消极行为和不良行为，其身上仍有积极特征值得去发现、赞许。如果能挖掘出来访学生自身力量，并加以利用，更利于他们解决困难、创造更美好的大学生活。除此之外，焦点解决强调小改变带来大改变，辅导员要敏锐捕捉来访学生的小改变、小进步、小成功，充分肯定来访学生做出的尝试和努力。

总的来说，作为后现代主义的咨询学派，焦点解决短期心理咨询模式充分体现了后现代主义的理念，强调被辅导者是自己的专家，强调以正向的、积极的、朝向目标的态度，寻找、挖掘被辅导者的资源和成功经验，从小的改变开始进而带来被辅导者大的改变。可以说焦点不仅仅是一种咨询流派，更是一种教育模式，它为高校辅导员提供了一种全新的理念和操作技术，有助于高校学生心理健康教育工作的开展。

（三）人本主义理论

1. 人本主义疗法概述①

人本主义理论是美国当代心理学主要流派之一，于 20 世纪 50—60 年代在美国兴起，70—80 年代迅速发展，该学派的主要代表人物是美国心理学家马斯洛和罗杰斯。

人本主义学派强调人的尊严、价值、创造力和自我实现，把人的本性的自我实现归结为潜能的发挥，而潜能是一种类似本能的性质。人本主义最大的贡献是看到了人的心理与人的本质的一致性，主张心理学必须从人的本性出发研究人的心理。

马斯洛充分肯定人的尊严和价值，积极倡导人的潜能的实现。提出人的需要是分层次发展的，他将人的需要具体分为七个层次，由下而上依次是生理需要、安全需要、归属与爱的需要、尊重的需要、认识需要、审美需要、自我实现需要。人在满足高一层次的需要之前，至少必须先部分满足低一层次的需要。

另一位重要代表人物罗杰斯，创立了来访者中心疗法，他对人的基本假设是：人在本质上是可信赖的；人具有不需咨询师直接干预就能了解及解决自己困扰的极大潜能；只要能投入咨询关系中，人们就能朝自我引导的方向成长。人本主义治疗认为如果给来访者提供一种最佳的心理环境或心理氛围，他们就会动员

---

① 牛勇．人本主义疗法．北京：开明出版社，2012：1–18.

自身的大量资源去进行自我理解，改变他们对自我和对他人的看法，增强自我意识，认识到自我的潜在能力和价值，发挥积极向上的、自我肯定的、无限的成长和自我实现的潜力，进而改变自己的适应不良行为，矫正自身的心理问题，并最终达到心理健康的水平。

2. 人本主义疗法的常用技术

人本主义疗法重视理念甚于技术，或者说人本主义疗法并无固定的技术模式，但罗杰斯在早期提出了心理咨询过程的12个步骤：

第一，来访者主动求助。来访者如果没有改变自我的需要，治疗很难成功。

第二，治疗者说明情况。治疗者向来访者介绍治疗过程，强调来访者的作用，治疗者的作用只是创造有利于来访者成长的气氛。

第三，鼓励来访者自由表达情感。治疗者不管来访者表达什么样的情感，均应以诚恳、友好的态度相待。

第四，治疗者能接受、认识、澄清对方的消极情感。治疗者不只是被动接受对方提供的信息，仅仅对表面的内容作反应，而应深入对方内心深处，注意发现对方影射或暗含的情感。这是很困难且很微妙的一步。

第五，促进来访者的成长。一旦对方将消极情感表达、暴露出来，模糊的、试探性的、积极的情感便开始不断萌生出来。

第六，接受来访者的积极情感。治疗者只需不加评价地接受对方的积极情感，促使对方自然达到领悟与自我了解的地步。

第七，来访者开始接受真实自我。由于治疗者对来访者采取了接受和理解的态度，来访者便有机会重新认识自我，并接受真实自我。这为对方在新的水平上达到自我整合奠定了基础。

第八，帮助来访者采取决定。新的整合意味着新决定与新行为的产生，治疗者应协助对方澄清可能做出的选择。

第九，疗效的产生。来访者通过自我领悟，达到了对问题的新的认识，某种积极、尝试性的行动便应运而生了。

第十，扩大疗效。在已有尝试的基础上，治疗者应帮助对方发展更深层的领悟，并扩大领悟范围。

第十一，来访者的全面成长。来访者克服了选择恐惧，勇于探索自我发展的新行动。此时，双方的关系达到顶点，来访者会主动提出问题与治疗者讨论。

第十二，治疗结束。来访者感到无需再寻求帮助，治疗即告以结束。

从这些具体的步骤中可以看出，虽然没有特定的技术，但对于来访者的理解和无条件积极关注始终是贯穿其中的。其中，对来访者的理解通过深度的共情得以实现，正如罗杰斯所述，共情是理解另一个人在这个世界上的经历，就好像你是那个人一般，共情还意味着让你所共情的人知道你理解了他。而无条件积极关注是心理治疗的前提，它主要反映了心理咨询师对来访者的态度。不论来访者有怎样的想法、感受和行为，咨询师都不做任何评价和要求，并对来访者表示无条件的温暖和接纳，使来访者觉得自己是一个有价值的人。

3. 人本主义疗法对深度辅导工作的启发

人本主义疗法的“以人为本”的教育理念，揭示了教育的本质；人本主义疗法强调创造良好的心理环境或心理氛围，动员个体自身的资源实现自我完善。这些理念对于开展辅导员工作都是非常有启发性的，面向“90后”“00后”大学生，辅导员要尊重大学生的个性和自主性，相信每个个体都有自身的潜能和自我实现的需求；辅导员还要善于运用集体的力量，创设积极健康的班级氛围，发挥其对大学生的育人功能。

在工作实践中，也常常发现人本主义的理念是最容易让人接受，而不引起阻抗的，有助于辅导员走近学生的内心。

四、深度辅导的过程

（一）搜集信息

搜集信息是整个深度辅导工作的基础。在搜集信息的过程中，应着重了解以下几方面的情况。

1. 学生的基本情况

主要包括：姓名，性别，年龄，民族，年级，班级，家庭住址，联系方式，身体健康状况，学习情况，兴趣爱好，睡眠、饮食情况，社交情况，有无心理咨询经历等。

2. 学生的家庭情况

主要包括：主要家庭成员基本情况、职业、关系状态，学生与家庭成员的关系状况，家族的自杀史和精神病史等。

（二）了解问题的来龙去脉

了解学生问题的主要表现形式、起因、对学生的影响、持续的时间等，对学生主要问题的来龙去脉、相互关联有比较全面的认识，为设定辅导目标奠定基础。在对学生及其寻求解决的问题有基本的了解后，在相互协商的前提下，确定辅导的目标。

（三）形成学生问题概念化

学生问题概念化是针对学生的整体状况，依据某一深度辅导的理论，对学生所面临的情况形成较全面的假设与评估，也是对学生所面临的困扰的一种解释。

一般情况下，辅导员在与学生会谈的过程中对学生产生理解与察觉，进而从一堆凌乱与片面的信息中进行有意义的整合。偏向合理情绪理论取向的辅导员，可以从被帮助学生的认知层面考虑他或她遇到的困扰。以人为中心理论取向的辅导员，可以考虑被帮助学生是否因为缺少无条件的积极关注而形成一个假的自我，来满足父母或他人的需要并形成自我标准。值得注意的是，这些评估与察觉并非始终如一的，很有可能会随着辅导的深入而发生相应的变化。所以，学生问题概念化是一个不断修订的过程。

（四）拟定辅导目标和策略

学生问题概念化是制定深度辅导目标的前提。在学生问题概念化的基础上，辅导员形成一个初步的辅导目标，再进一步拟定介入策略与计划。即根据所偏好和掌握的理论与方法，确定一个辅导目标，并由此进行介入。如偏向合理情绪理论取向的辅导员，可以根据对学生的理解，将改变、调整不合理信念作为辅导的核心；而叙事治疗取向的辅导员，可以优先考虑将学生问题的外化作为辅导的核心。

需要特别指出的是，对辅导员所考虑的辅导目标，被帮助的学生也要了解其依据和思路，并且双方一起确定最终的辅导目标。

（五）辅导干预与改变

这一阶段，辅导员根据制定好的辅导目标和策略，采用相应的辅导技术，协助学生更好地面对与解决自己的困扰。由于心理现象的复杂性、多变性，某些心理困扰在辅导的过程中会出现反复或显效迟缓，这都是正常的，辅导双方需要对辅导过程的这一特点有足够的重视，相互协作、彼此信任，这样才能更好地达到预期目标。

（六）追踪和反馈

这是深度辅导的最后一步，也是不可忽视的一个步骤。在这一阶段，辅导员需要向学生指出他（她）在辅导中取得的成绩和进步、还有哪些应该注意的问题。通过这一步骤，让学生觉察到自己有资源、有能力、有信心处理面对的困扰。

五、深度辅导的基本结构和技术

为了使辅导员在进行深度辅导时有一个相对明晰和确定的框架和结构，本书在综合心理咨询与助人理论和技术的基础上，提出了深度辅导的基本框架和结构。依据深度辅导的进程可以分为五个阶段：准备阶段、初始阶段、探索阶段、工作阶段、总结与跟进阶段，每个阶段有相应的任务以及具体的操作技术。

深度辅导的基本结构和相应技术见表1-1：

表1-1　深度辅导的基本结构和相应技术一览表

阶　段	任　务	技　术
准备阶段	● 前期准备	● 助人自助，从“心”开始
初始阶段	● 建立关系联盟	● 倾听与关注 ● 共情
探索阶段	● 探索和澄清问题 ● 信息搜集与整理	● 探问 ● 复述
工作阶段	● 处理情绪与内心感受 ● 分析和解决问题 ● 危机干预	● 情绪处理技术 ● 问题解决7步法 ● 危机干预技术
总结与跟进阶段	● 总结与反馈 ● 必要时的跟进方案	● 总结与整合 ● 回访

附：

个体深度辅导记录表

<table>
<tr><td>姓　名</td><td></td><td>性　别</td><td></td><td>辅导时间</td><td></td></tr>
<tr><td>家庭经济状况</td><td></td><td>生源地</td><td></td><td>出生年月</td><td></td></tr>
<tr><td>所在院系</td><td colspan="3"></td><td>班　级</td><td></td></tr>
<tr><td colspan="6">身体健康状况：</td></tr>
<tr><td colspan="6">心理健康状况：</td></tr>
<tr><td colspan="6">家庭关系（父母间关系及父母与本人关系）：</td></tr>
<tr><td colspan="6">学生提出的问题：</td></tr>
<tr><td colspan="6">辅导员界定的问题及辅导目标：</td></tr>
<tr><td colspan="6">辅导过程记录与分析：</td></tr>
<tr><td colspan="6">辅导效果：</td></tr>
</table>

辅导老师：____________

日　　期：____________

团体深度辅导记录表

辅导时间		辅导地点		辅导人数	
辅导主题：					
团体辅导方案					
团体辅导过程记录					
辅导效果及辅导员反思					

辅导老师：＿＿＿＿＿＿

日　　期：＿＿＿＿＿＿

第二章 深度辅导的前期准备

一、深度辅导是用一个生命影响另一个生命的过程

（一）深度辅导是辅导员与学生互动的艺术

在第一章中，我们了解到，深度辅导是一种专业的助人过程，它借助经过专业训练的辅导员与学生建立信任合作的关系，依据心理学的理论与方法，协助学生增进自我了解，有效解决问题，更好适应环境，旨在达到自我成长与自我实现的专业助人过程。

布拉麦和麦克唐纳（Brammer & MacDonald）认为助人过程如图 2-1 所示①：

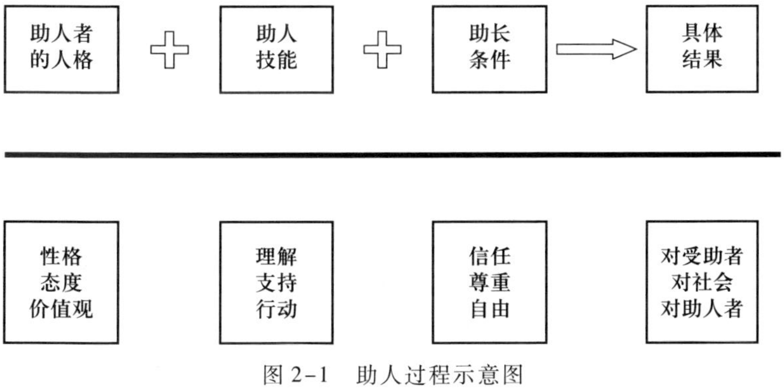

图 2-1　助人过程示意图

① 江光荣．心理咨询的理论与实务．北京：高等教育出版社，2012：52.

从深度辅导的定义及助人过程示意图中可以看出，深度辅导的主要构成要素有：

（1）辅导员。辅导员是深度辅导服务的提供者，需要接受专业且系统的助人基本理论和技能训练。

（2）学生。学生是深度辅导服务的对象，一般是辅导员所在学院的学生。

（3）辅导设置。辅导设置主要指由辅导员构建的自由的、安全的和受保护的空间。它包括：硬件建设，即物理环境的营造，如辅导室宜设在安静、不受外界干扰的地方，配备必要的沙发、茶几、记录夹、面巾纸等；心理环境的营造，如辅导室氛围的营造，室内光线柔和，布局与摆设舒适温馨，辅导关系温暖专业等；辅导的基本设置，如辅导时间安排、频率及其他专业性的规定等。

（4）一套辅导理论和具体操作方法。指辅导员进行深度辅导所依据的一套助人的理论与操作技术。依据这套理论和技术，辅导员能够探析来访学生的具体问题及起因，设定恰当的辅导目标和方向，不断陪伴学生在探索中领悟，并且找到问题解决的方法、开始行动。

因此，深度辅导是辅导员与学生在一个自由的、安全的和受保护的空间里，共同完成的一段双人舞，是一种共促成长的互动艺术。

（二）建立良好的关系是深度辅导的前提

深度辅导工作，从建立良好的关系开始。

罗杰斯说，良好的咨访关系是咨询成功的一半，良好的关系本身就具有治疗功能。

欧文·亚隆说，真正的治疗发生于来访者和治疗师之间真实的关系，两者之间的关系才会带来真正疗愈。

霍维茨说，在助人过程中，来访者的变化是通过咨访关系中那些支持性的因素产生的，这种关系叫作关系联盟。[①]

通过有意识的操作而精心发展起来的助人关系具有以下一些特点：信任、理解、真诚、关怀和爱护、喜爱、尊重、宽容和接受、诚实、承诺感和可靠性，等等。这些成分彼此混合在一起，很难分开，共同构成一种微妙的、难以形容的关系氛围。

---

① 钱铭怡．心理咨询与心理治疗．北京：北京大学出版社，1994：27.

良好的关系有以下主要特点[①]：

（1）信任和理解。信任和理解是良好的助人关系最重要最突出的特点。信任与理解互相促进，辅导员的理解导致学生的被理解感，被理解感又能促进信任。在理解和信任的气氛下，双方能够做到坦诚相待，把自己无顾虑地交托给对方，从而增进自我探索。同时，信任加强了深度辅导的指导、解释的分量，降低了学生的抗拒性。

（2）情感联系。在深度辅导中，辅导员设法创造一种能够自由表达情感的气氛，促使学生充分地表达情感，同时也用一颗“感受情感的心”去体验对方的感受。

（3）工作取向。工作取向是指这样一种共识：辅导员和学生在一起是共同做一件工作——帮助学生克服困难。工作取向意味着双方对于辅导目标有一致的认可，对于达到目标要完成的任务有共识，并在会谈的过程中自觉地把焦点集中于辅导事务。

（4）承诺感。良好的助人关系是辅导员和学生都愿意对辅导目标作出承诺，愿意为之付出心血和努力。承诺是指一种自愿的责任承担，意味着单方面（即不以对方是否作出相应努力为前提）的主动、积极、努力，以及如果需要的话自我牺牲。在具承诺感的关系中，辅导员和学生双方就像一条船上的两个划手，同心协力，互相支援，共同前进。

（三）好的关系同盟可以给学生提供强大的社会支持

深度辅导成功的关键，在于给予学生信任感、安全感。辅导员只有让学生对其产生信任，学生才会放开自我，走出心理防御，与辅导员进行深入的交流。否则，学生只会采取防御性的说辞，无法与辅导员进行深入的沟通与探讨。

辅导关系对于个体心理的改变有两方面的意义：

（1）辅导关系本身具有疗愈作用。

良好的辅导关系能诱发学生多方面的积极反应。其一，辅导员的宽容、接纳、非评价性和理解的态度有助于学生自由地表达和探索情绪，具有疏泄作用。其二，辅导员对学生问题的接纳和探索有助于提高学生对自己的客观认识和自尊心，同时又能帮助学生增加“我能变好”的信心。其三，辅导员对学生的信任、

① 江光荣．心理咨询的理论与实务．北京：高等教育出版社，2012：84-85.

鼓励以及相信学生一定能改变的信念，会感染学生，提高学生的自我效能。

（2）辅导关系是其他改变因素的载体。

在深度辅导过程中，协助学生对自己以及自己的困难产生更好的了解，确定辅导目标并寻找实现目标的方案，给予解释和指导，这些都以一定的辅导关系为背景。这些辅导程序能否起作用，在很大程度上取决于双方的情感关系。

因此，只有当辅导员给予来访学生充分的理解、尊重、接纳、共情、温暖以及爱时，来访学生才能与辅导员建立起良好的关系联盟，来访学生才能构建起对辅导员的安全感和信任感，才能慢慢地打开自己，去探索内心存在的问题，才能尝试去做出调适和成长。

深度辅导，就是在辅导员与学生共同构筑的关系同盟中，以一个生命影响另一个生命的过程。在辅导员与学生之间建立和维持一种坦率、信任的关系是深度辅导中头等重要的事情，是有效辅导的前提条件。

二、辅导员深度辅导的内在准备

深度辅导是辅导员与学生互动的艺术，是辅导员在用自己的生命在影响另一个生命的过程。深度辅导的内在准备就是指辅导员如何在人格上修炼和准备的过程。

（一）辅导员胜任力结构

吕艳超基于“冰山模型”的理论框架，建立了高校辅导员胜任力结构模型，主要包括 6 个维度[①]，见图 2-2。

（1）知识维度，包括相关学科专业知识、心理学与教育学知识、党政知识和法律法规知识。

（2）技能维度，包括组织管理能力、人际交往能力、语言表达能力、应变能力、心理辅导能力及教育策略。

（3）社会角色维度，包括职业认同感、职业忠诚度及职业责任感。

（4）自我概念维度，包括价值观、自我效能感及职业精神。

① 吕艳超．基于“冰山模型”的高校辅导员胜任力培养．高校辅导员学刊，2011，3（5）：4-7.

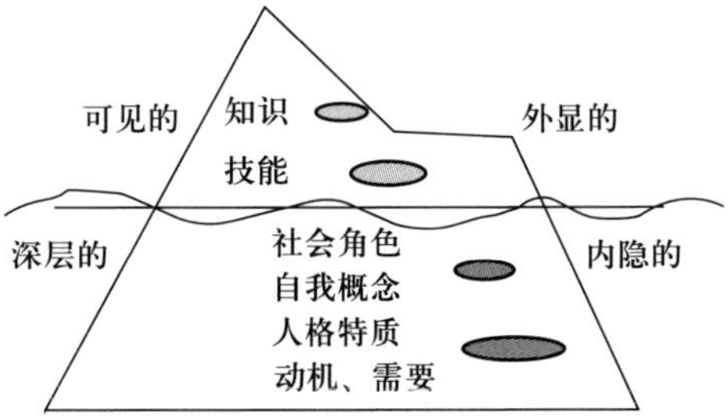

图 2-2　辅导员胜任力特征结构图

（5）人格特质维度，包括情感特质、性格特点及道德品质。

（6）动机、需要维度。只有强度中等偏上、积极向上的职业动机，才能促使辅导员在工作中做出成绩。

从图 2-2 可以看出，在辅导员胜任力结构中，知识维度和技能维度是可见的、外显的能力，可以在相对较短的时间内经过学习和培训掌握和提升。而社会角色、自我概念、人格特质和动机需要是比较深层的、内隐的能力，它们与个人的生理特点、成长经历、家庭环境以及受教育经历等密切相关，是个体比较潜在的能力，不可能通过培训和学习马上提升。

（二）内心充满爱是助人的前提

1. 深度辅导，就是将助人之心传达“到”学生

下面是辅导员对学生进行深度辅导的情形：

学生小王经常在宿舍打网络游戏，不去上课，辅导员得悉情况后，找小王到办公室聊一下。

情形 1：

辅导员 A：我听说你经常不去上课，窝在宿舍里打游戏？

小王：（不吱声）。

辅导员 A：多少天没去上课了？

小王：（不吱声）。

辅导员 A：你看看你现在的样子，还像个学生吗？对得起家长一年交的几千块钱的学费吗？你上大学就是来打游戏的？……

小王：（不吱声）。

情形 2：

辅导员 B：你最近怎么样？过得还好吗？

小王：还行。

辅导员 B：听说你爱玩游戏？你都爱玩什么游戏？

小王：有时玩玩王者荣耀，有时玩吃鸡。

辅导员 B：我也有时玩玩，你玩得怎么样？

小王：……

辅导员 B：你能不能告诉我游戏里是什么吸引了你？

小王：……

辅导员 B：每次玩完游戏你有什么感觉？

小王：……

辅导员 B：每天花那么多时间打游戏给你带来了什么影响？

小王：……

这两种深度辅导谈话的情形，你认为哪一种会更好一些呢？

在情形 1 中，辅导员不自觉地把自己摆在了管理者和权威者的角色中，对学生的行为进行质问。在这种情形下，学生大多感到理亏，默不作声，辅导员也会越说越生气，最后一般是一通批评教育后让学生写下保证书了事。这种沟通模式，刚开始还起作用，学生能控制自己不过于沉溺游戏，但一段时间以后学生就控制不住自己，又开始玩游戏。而且这种模式起作用的时间会随着辅导员找学生次数的增多而逐渐缩短，直到有一天，辅导员叫他不再来，打电话不再接，到宿舍找他不再开门。

在情形 2 中，辅导员没有一上来就直接责问学生沉溺游戏的事情，而是先对学生表达了自己的关心，接纳学生当前的状态，以一种关爱、好奇以及以学生为主的角度和学生交流和沟通，让学生感觉到辅导员是在真心地关怀自己，想要和自己交流。只有这样，才能打开学生的心扉，走近学生，了解学生的所思所想，使学生真正地觉察和反思自己的状态及对自己的影响，引导学生思考、探索和抉择正确的行为。

在深度辅导的实践过程中，辅导员常常面临如下矛盾：一方面辅导员特别想要帮助学生，另一方面学生见了辅导员内心的防御性又特别强，一般不愿意把真正的想法和苦恼告诉辅导员。

在深度辅导的过程中，辅导员到底付出什么才能让学生得到帮助呢？辅导员说些什么才能慢慢走近学生的内心呢？辅导员做些什么才能让学生开始有所变化呢？面对这个问题，在以往辅导员培训中，辅导员经常给出的答案是：理解、接纳、期望、共情。其实，这个问题并没有一个标准的答案。前面提到，建立良好的关系联盟是深度辅导的前提，其本质就是将助人之心传达“到”学生，让学生在与辅导员每一次的会谈中都感受到辅导员发自内心的对自己的关心关怀，在每一次的会面中都感受到被理解接纳，在每一次的谈话中都感觉热情和温暖。深度辅导，从走近和走进学生的“内心”开始。

2. 用满溢着的爱去爱学生

在深度辅导的过程中，辅导员如何将帮助学生的“心”有效地传达“到”学生，这是一个非常重要的问题。这种帮助学生的“心”，本质就是辅导员对学生真正的爱。所谓真正的爱，一方面是指在深度辅导过程中辅导员的言谈举止让学生感到舒服，感到自在；另一方面辅导员也是发自内心地想要去帮助对方，自然而然地和学生用这样的方式交流，自己也会在交流中体验到愉悦。

《中国教育报》等多家媒体曾报道过一个出身平凡却演绎着高尚的灵魂的香港大学名誉院士袁苏妹[①]。袁苏妹，人称三嫂，没有受过正式教育，识字不多，在香港大学一座男生宿舍服务超过 40 年，一直对住宿生关怀备至，尽心照顾他们的起居饮食。她的每一句叮咛、每一声鼓励，都成为学生离家苦读时的最大慰藉。她待人至诚，不计较得失，令三嫂这个看似平凡、不起眼的角色，赢尽学生敬重。2009 年 9 月 22 日，香港大学举行了隆重的名誉大学院士衔颁授仪式，表扬对香港大学和社会有贡献的 10 位人士，除了资深大律师、工程师、银行大班等在社会上深具名望者，还有在大学任职超过 40 年的宿舍服务员三嫂袁苏妹。2017 年 11 月 25 日，年逾 90 的袁苏妹安详离世，香港大学官网在首页醒目位置进行悼念。被问到与学生们保持友情的秘诀，袁苏妹操着一口广东话对记者说：“拎出个心来对人。”袁苏妹经常对学生事务主任说：“学生要是有过失，要顺着他们所想，让他们自己明白什么是对，什么是错。”

其实，在我们身边，这样优秀的辅导员也有很多。由教育部思想政治工作司指导，中国高教学会辅导员工作研究会和《中国教育报》主办，新华网和中国大学生在线提供网络支持的全国高校辅导员年度人物评选活动至 2019 年已举办 11 届，每届会评出十位全国高校辅导员年度人物。从这些年度人物的先进事迹中，我们能深刻感受到他们对辅导员工作的热爱，他们对自己学生的热爱。正是

---

① 三嫂：从宿舍服务员到名誉院士．中国教育报，2010－3－17.

由于在这些优秀辅导员的内心中满溢着这种对工作和学生的热爱，他们才能把这种爱转化为语言和行动，温暖和感染学生。每届全国高校辅导员年度人物及其典型事迹可在教育部官网及教育部中国大学生在线网站查询。

3. 爱比技巧更重要

在深度辅导过程中，辅导员常常认为：（1）我带过很多届学生，学生当下面临的问题我经历和处理得多了，我已经积累了特别多的经验和阅历，因此学生只要按我说的做，就一定会发展得很好。（2）我比学生年长，人生阅历比学生丰富，很多他们正在经历的困惑我都经历过，因此我可以用我的经验和阅历教导学生。（3）我接受过助人和生涯规划方面的培训，而且我有比较强的沟通能力和表达能力，因此我有足够的技能可以解决学生的问题。

如果辅导员对自己的经验和阅历过于自信，或者过于依赖自己培训所学的技术和技巧，内心深处缺乏对学生的理解、尊重、共情、无条件的接纳和关爱，深度辅导就可能演变为一种说教、一种指导。这样的话，学生的反应可能有三种：（1）表面服从。面对辅导员或强制或温柔的谆谆教导，学生只能唯命是从。因为如果反抗，辅导员就会采用车轮战，轮番轰炸，直到学生同意为止。（2）隔离（淡漠）。有的学生（如深陷网络成瘾的学生）面对辅导员的苦口婆心，常会采取隔离的应对措施，不管辅导员说什么，一脸木然，全然没有听进耳朵里。（3）直接抗拒。有的学生会直接反抗老师的观点，会说"你说的这些道理我都懂，但我就是做不到啊"，或者直接说："老师，我的事情不用你管。"

在深度辅导的过程中，爱比技巧更重要。满溢着的爱是关系联盟的催化剂，如果这种爱的能量缺失或不足，辅导员的辛苦和努力将不能有效地传达"到"学生身上，辅导员的辛苦和努力常常不能被学生理解和接受，只能是白费气力，不能促进学生的领悟和改变，同时还会令辅导员产生强烈的挫败感和无价值感。

共鸣，一定是存在于爱的关系中的。

（三）人格的提升与修炼

1. 辅导员最主要的助人工具就是自己

辅导员与学生构建的助人关系的形式见图 2-3：[1]

---

① ［美］Barbara F. Okun. 如何有效地助人——会谈与咨询的技术（第六版）. 高申春，魏连娣，冯晓杭，译. 北京：高等教育出版社，2009：36.

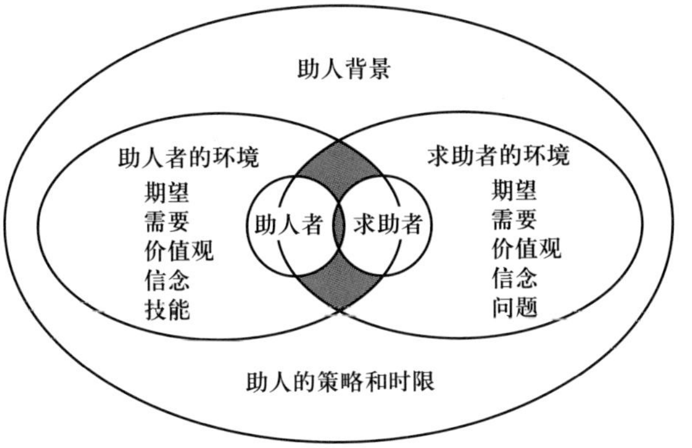

图 2-3 助人关系的基本形式

深度辅导是辅导员与学生建立关系联盟进行互动的艺术。在这个关系联盟中，辅导员用自己的生命（态度、需要、价值、信念和专业性）影响另一个生命（态度、需要、价值、信念和问题）。在这个关系联盟中，辅导员是不能选择学生的，在他面对所要辅导的学生时，能够带进关系的，就是辅导员人格的成熟和健全、专业能力、智慧、专业经验，等等。

在助人者专业领域流行一句格言：如果我想变得更能帮助别人，那么我就必须从自己做起，因为我们的人格才是助人过程中最重要的工具。

在每一次治疗中，咨询师都会带着自己的个人成长经验和特质来跟当事人互动。这些个人层面的因素是影响双方交流的最有力的元素。如果期望心理咨询能够促进当事人的成长与改变，咨询师本身必须正视自己个人作为治疗力量的事实，并愿意在专业实践中促进自己的成长。①

库姆斯（Combs，1982）说，把自己作为工具（self as instrument），就是说我们主要的助人工具就是我们自己，因为只有我们自己才能自发地行动起来去回应助人关系中急速变化的人际关系要求。②

学者研究普遍认为，助人者的技巧固然有助于达到助人的效果，却远远不及助人者的整体修养和个人素质重要。

彼特·海因（Peter Hain）采访了许多心理治疗专家，探讨什么才是心理治

① 江光荣．心理咨询的理论与实务．北京：高等教育出版社，2012：52.

② ［美］Lawrence M. Brammer，Ginger MacDonald. 助人关系：过程与技能（第八版）. 张敏，潘燕华，王锦霞，范红霞，译．北京：高等教育出版社，2009：36.

疗中的有效因素，专家们一致认为，这个有效的因素不仅仅是某一特定流派的技术或者原理，也不只是治疗过程中使用对症的药物，最有效的因素其实是治疗师的人格。心理治疗的关键不是治疗者做些什么，而是他是谁。在辅导的过程中，辅导员能带进咨询关系中最有意义的资源，就是他自己。

林孟平（1993）认为：在辅导的过程中，最重要的并不是一个人的学位、资历、理论和技巧的纯熟，而是辅导者本身的修养。①

辅导员的人格魅力包括亲和力、吸引力、感染力和影响力等方面。辅导员的亲和力来自态度和蔼、目光慈祥、语气温和；辅导员的吸引力来自知识丰富、思想深刻、动作优美；辅导员的感染力来自平等对话、语言简洁、富于智慧；辅导员的影响力来自真诚理解、言之有物、启发互动。

在某种意义上说，什么样的人从事心理咨询比从事心理咨询须掌握什么样的咨询理论和方法更重要。

2. 成功辅导者的特征

成功的辅导者具有 17 项人格特征：②

（1）良好的意愿，对他人有真诚的兴趣，与人相处时处处尊重他人、信任他人。

（2）有能力与人分忧共乐，以开放的态度对当事人。

（3）认识并接纳个人的能力，帮助当事人发现个人的能力和学习自立。

（4）向不同治疗学派学习理论和技巧形成个人的咨询风格。

（5）愿意开放和冒险，乐意与他人分享自己的感受和看法。

（6）自我尊重和自我欣赏，对自己的价值十分肯定，以自己的长处和别人建立关系。

（7）愿意做当事人的典范，发挥示范作用。

（8）愿意冒可能出错的风险并承认曾经犯过错。

（9）具有成长的取向，不断拓展自己的视野，不断探索自我。

（10）具有幽默感。

（11）对人生模糊性的忍受力。

（12）能不占有地去同理他人的经验。

---

① 林孟平．小组辅导与心理治疗．上海：上海教育出版社，2005：1-2.

② 樊富珉．团体心理咨询．北京：高等教育出版社，2005：104.

（13）真诚关怀他人的福利。

（14）投入工作寻得意义。

（15）以现在为导向。

（16）持续和深入地觉察自己和他人。

（17）诚信。

3. 深度辅导中辅导员的角色和功能①

（1）示范者。辅导员是学生成长成才的引导者。辅导员一般比学生年长，人格更加成熟。不管辅导员是否愿意或是否有意，辅导员的个人价值观、态度、行为方式都会对学生产生示范效应，对学生的思想观念和行为都会产生潜移默化的影响。

（2）倾听者。辅导员是学生健康生活的知心朋友。辅导员通过倾听学生的故事和情绪，就能促进学生疏解蒙蔽心灵的屏障、宣泄郁结的情绪、看清自己的需要、探索改变的可能。

（3）支持者。在学生感到痛苦、孤立和无望的档口，辅导员以真诚、理解、关怀的态度，进入学生的世界，给他陪伴，给他鼓励，给他支持，使得学生慢慢接纳自己的不良情绪，并获得勇气去探索改变的可能性。

（4）督促者。当学生在辅导员的帮助下找到解决问题的方法时，辅导员还要不断地鼓励和督促学生采取实际行动来改变自己和自己的生活，在学生遇到困难时要激励其坚持下去。

三、辅导员深度辅导的外在准备

辅导员深度辅导的外在准备主要是指辅导员胜任力结构中与深度辅导有关的专业成长部分，即辅导员成为一名深度辅导的专业人士所必需的知识和技能的准备过程。

（一）知识与技能的学习

1. 基础知识的学习

包括与个人发展有关的心理学知识、助人的相关理论、心理健康以及心理危

① 江光荣．心理咨询的理论与实务．北京：高等教育出版社，2012：52-54.

机预防与干预等方面的知识。

（1）与个人发展有关的心理学知识。主要包括普通心理学、发展心理学、社会心理学和人格心理学方面的基本概念、主要理论，对有关个体或团体的心理现象及其规律的揭示以及这些理论和规律在现实生活中的实际应用。

（2）助人的相关理论。包括：主要助人流派（如精神分析流派、认知行为流派、人本主义流派、后现代的助人流派）的基本理论和主要技术；深度辅导的基本框架，包括助人目标设立、助人关系建立、助人过程、助人效果评估等；团体心理辅导的基本理论，包括团体辅导的理论、团体辅导的领导者、团体辅导阶段及影响因素、团体辅导技术、团体辅导效果评估等。

（3）心理健康以及心理危机预防与干预方面的知识。主要包括大学生心理健康标准、常见的心理问题及表现、心理测评的基本知识、大学生常用的心理测评量表及应用、心理危机预防与干预的基本理论与知识等。

2. 操作技能的训练

包括个体辅导、团体辅导、心理危机预防与干预实务的学习和培训。

（1）个体辅导技能训练、演练。主要包括专注与倾听技术、探问技术、共情技术、复述技术、情绪处理技术、问题解决技术等。

（2）团体辅导技能训练、演练。主要包括团体辅导方案设计、团体辅导的准备、团体辅导实施过程操作、团体辅导的注意事项等。

（3）心理危机预防与干预训练、演练。主要包括心理危机的识别与发现、重点干预、现场处置和善后处理的训练。

3. 助人伦理的训练

包括助人伦理、自我关爱、自我调适与发展方面的学习与训练。

（1）助人伦理。包括深度辅导的伦理原则、助人者的责任和来访者的权益、伦理设置以及伦理困境等。

（2）自我关爱。包括辅导员的工作挑战和职业倦怠、自我关爱的内容、自我关爱的方法等，目的是恢复辅导员深度辅导时的自我效能，保证深度辅导的效果。

（3）自我调适与发展。包括辅导员职业生涯的探索，明晰及规划职业生涯内容，保持对学生工作及助人工作（深度辅导）的认可度、投入度和效能感。

（二）见习与实习

目前，教育部、各省市的教育主管部门以及各高校均对辅导员的培训工作非常重视。教育部于 2007 年就公布了 21 个教育部高校辅导员培训和研修基地，各省市也相继建设了辅导员培训基地，各高校也构建了本校辅导员的培训计划和培训内容。近几年，北京市委教育工委建设的辅导员培训基地和心理素质教育工作培训基地均已举办多期辅导员深度辅导和谈心谈话技术方面的系统培训。

由于工作的性质及需要，高校辅导员入职后，常常是边工作边参加培训，因此辅导员常常是凭着自己的经验和阅历、或多或少的专业培训以及勇气直接进入深度辅导工作的，具体如何做以及怎么做才是规范的，这个环节的训练比较缺乏。

借鉴中国心理学会临床与咨询心理学专业机构和专业人员注册标准中咨询师的培养模式，我们认为，辅导员也应该加强见习和实习环节，以便加强辅导员深度辅导的科学化和专业化建设。

见习是新入职辅导员跟随有经验的辅导员或心理咨询师，通过案例观摩、讨论、督导等形式了解深度辅导从初始接待、问题评估、个案概念化、制定辅导方案等方面的知识和技能。

实习是新入职辅导员在有经验的辅导员或咨询师的督导下开展针对学生的深度辅导，逐步掌握初始接待、问题评估、助人关系建立、个案概念化、辅导计划制定、辅导计划实施、总结反馈、深度辅导记录撰写等内容。

（三）接受督导

督导是指新入职的辅导员就自己见习过程中深度辅导的案例接受有经验的辅导员、咨询师或督导师督导的过程。督导包括一对一的个体督导和小组督导两种形式。

目前，辅导员的培训、培养尚处于不断发展的探索过程，成为合格的辅导员并能够有效地开展深度辅导需要的知识与技能的培训时数、见习与实习时数、接受督导时数等，还有待进一步的论证。

■ 四、练习

练习 1:在深度辅导过程中,你认为辅导员具备什么能力才能让学生感觉得到了帮助?

①______________________________

②______________________________

③______________________________

④______________________________

练习 2:如果这种能力缺失或不能有效地传达“到”学生,会产生什么样的结果?

①______________________________

②______________________________

③______________________________

④______________________________

练习 3:如何让这种能力有效地传达“到”学生?

①______________________________

②______________________________

③______________________________

④______________________________

练习 4:(辅导员)如何让自己的内心不断地充实这种能力?

①______________________________

②______________________________

③______________________________

④______________________________

练习 5:你认为辅导员与学生的关系犹如________和________的关系,为什么?

____

____

____

第三章

专注与倾听技术

一、专注与倾听的概念

深度辅导从专注和倾听开始。倾听，方能理解。

在英文中，专注是 attending，有投入、参与、专心、注意等含义。倾听是 active listening，有积极主动地去感知的含义，不仅用耳朵去听，还要用心（mind）去感受。

在深度辅导过程中，专注与倾听技术是指辅导员能够全神贯注聆听学生的语言表达，细读学生的非语言行为，关切、疼惜与重视学生的遭遇，愿意了解学生面临问题的始末。这意味着辅导员在专注和倾听的过程中，发自内心地尊重和关心学生，目的是告诉学生自己在意他们，鼓励他们更加开放地谈论自己。当辅导员对学生专注时，学生会觉得辅导员对他感兴趣，愿意更多地分享自己。

二、功能与作用

专注与倾听是深度辅导的前提和基础。专注与倾听本身就具有疗愈作用①。借由关注与倾听，当事人有机会把伤痛、委屈、不满的情绪宣泄出来，使情感得

① 黄惠惠．助人历程与技巧．成都：四川大学出版社，2006：37.

到静化，从而达到某种程度的疗愈。

专注与倾听在深度辅导中具有以下功能和作用。

（一）有助于建立良好的助人联盟

在大学校园里，辅导员身兼教育者、管理者、服务者、人生导师和知心朋友等多种角色，很容易被大学生看作重要的权威。

在深度辅导谈话中，通过专注地倾听学生讲述的过程，辅导员可以有效地传递出自己对学生的尊重、接纳、关心、爱和温暖，有助于辅导员和学生之间良好的助人联盟的建立。

（二）鼓励学生开放自己，坦诚表达

当助人联盟建立后，学生就会对辅导员产生安全感和信任感，从而弱化辅导员的管理者和权威者的角色，学生愿意更多地向辅导员打开自己，坦诚表达，探索自己的烦恼、困惑和问题，获得调适和成长。

（三）深入了解学生的内心世界

通过专注的陪伴与积极的倾听，辅导员不但可以从学生口语表达的内容中了解学生的情绪、事情经过及困扰，而且可以观察其非言语行为所蕴藏的意义，注意其手势、表情、神态、身体动作及声调的抑扬、顿挫、速度、语气、结巴……从而了解学生真正想要表达的信息，把握学生真正的内心世界，只有这样，辅导员才能更好地帮助“到”学生。

（四）陪伴与鼓励

辅导员在深度辅导过程中的专注与倾听，表达的是一种态度，营造的是一种氛围，也就是我们经常说的“疗愈场”。在这种辅导员营造的“疗愈场”中，专注与倾听陪伴，可以安其不安。即辅导员专注的陪伴和倾听，会使学生焦虑和抑郁的情绪逐渐安定下来，进而从情绪的泥潭中摆脱出来。这种专注与陪伴，可以激其力量。即辅导员专注的陪伴和倾听，可以激发学生挖掘内心深处潜在的力量，找到解决问题的有效方法。

■ 三、适用时机

专注和倾听是深度辅导最基本最重要的技术之一，贯穿每次深度辅导会谈的始终，但在不同的阶段使用的频率和使用的侧重点会有所不同。

（一）第一次会谈见面

当辅导员与学生第一次深度辅导会谈见面时，无论是学生主动约的辅导员，还是辅导员主动约的学生（尤其是普通学生，平时很少有机会与辅导员面对面交流），学生一般都会感觉比较紧张。此时，辅导员的专注和倾听能够缓解学生的紧张，让学生感觉自己受重视，促进学生与辅导员建立安全感和信任感，从而建立良好的助人关系。

例如：学生小林，大一新生，贵州人。辅导员发现小林整天闷闷不乐的，经常一个人活动，也不和同学交往，高等数学第一次月考成绩不理想，决定约小林进行会谈。

小林：（小心翼翼，有些退缩）老师，您找我。

辅导员：（发现小林来到，停下手中的工作，把他带到深度辅导室）来，请坐。

小林比较局促地坐下，不知说什么。

辅导员：来，你先喝点水。是不是有点紧张？

小林点了点头。

辅导员：嗯，和我刚上大学时一样，不敢和老师说话。高中时和老师交流多吗？

小林：不多。都是老师找我。

辅导员：那肯定啊，高中你成绩优秀，老师是不是都特别喜欢你，是不是都特别关照你？

小林：是，他们经常在大家面前表扬我。

辅导员：上大学就不一样啦。大家在高中都是拔尖生，老师跟大家也不熟悉。我今天找你，也没大的事情，就是想和你聊聊，上大学一个多月了，各方面的适应情况如何。

小林：……

在上文的第一次会谈中，辅导员借助迅速热情的接待、专业的辅导地点和座位的设置、此时此地的反馈与共情、自我暴露等，化解学生的紧张和尴尬。

因此，在第一次深度辅导见面时，辅导员要根据学生当下的情况和表现，营造安全和信任的氛围，打消学生的疑虑。在会谈的过程中，辅导员要注意姿态和说话方式，采用积极的无条件关注，形成温暖和鼓励的氛围，促使学生充分地表达。

（二）会谈的前期阶段

在深度辅导的前期阶段，当学生逐步放松进入状态后，辅导员可以用更多的开放式问题，充满好奇地探索学生的问题。在学生回答问题的过程中，辅导员保持无条件的积极关注，采用积极跟随式倾听，跟随学生的谈话内容，不断复述式地回应与共情。通过这样的会谈，学生逐步放松下来，越来越多地与辅导员进行倾心交流。

例如：宿舍里的其他同学找辅导员，要求把小红调出宿舍，说小红性格孤僻、为人小气，还经常跟她们吵架。在辅导员的印象中，小红是个瘦瘦的女孩，比较内向，不怎么参与班级活动，我行我素。辅导员于是约小红进行深度辅导。

辅导员：平常和同宿舍的同学交往如何？

小红：（满面通红，非常生气）我知道她们又告我的状了。

辅导员：具体情况是什么样的？你能详细讲一下吗？

小红：我每天早上很早就会去教室学习，晚上回来得比较晚。昨天晚上我回来后，宿舍同学都在讨论买什么化妆品或衣服什么的，我不喜欢这个话题，也没有什么好谈的，就上床睡觉了。后来都比较晚了，她们还在大声吵闹，而且含沙射影地说我故作清高、土里土气的。我认为她们就是故意针对我的，于是就和她们吵了一架，同时不小心把一个同学的手机碰地上摔坏了。她们几个一齐骂我，说让我滚出宿舍。（小红说着说着就哭了）

辅导员：你感觉她们几个是故意针对你的，因此你当时比较生气。

小红：她们都这样很多次了，我都没有吱声。但她们越来越过分了。

辅导员：听起来是非常糟糕的情况，六个人，她们五个一伙，你自己一伙。

小红：是，从来都是她们几个一起活动，从来也不叫我。

辅导员：怎么会到了这样的境况？你们宿舍刚开学的时候不是挺好的吗？我

还看到你们经常一起活动。你能详细跟我讲讲发展的经过吗？

小红：我平常喜欢一个人生活，不愿和大家在一起。我每天早上很早就去教室，晚上回来得也很晚。有一次宿舍同学要周末一起出去玩，我觉得浪费时间，就拒绝了，后来她们无论有什么活动都不再告诉我了。我也无所谓，她们过她们的，我过我自己的。但是，慢慢地，大家开始在背后议论我，看我的眼神都比较怪，每天我回宿舍后，她们就会阴阳怪气地说些含沙射影的话。我都知道，但是我不和她们一般见识，尽量躲着她们，没想到她们越来越过分了。

（三）会谈的中后期阶段

在深度辅导的中后期阶段，辅导员和学生已经建立了良好的关系，学生在辅导员的陪伴下慢慢敞开心扉，真诚地袒露自己。在此阶段，辅导员依然要保持对学生的专注与倾听，但此时的倾听更多地从跟随式的倾听转化为鼓励式或干预式的倾听，辅导员在倾听的同时，不断地鼓励学生对自己的问题进行探索，通过简单的回应促使学生有更深的领悟，寻找解决问题的有效方法。

例如：

辅导员：你说你喜欢一个人生活，不愿和大家在一起。你从小就是这样的吗？

小红：不是，我小时候特别活泼。上小学我学习好，也特别爱玩，很多人都爱和我玩。初中我考入了省会城市里的重点中学，那儿农村同学很少，一些同学就总学我说话，笑话我土气，我常常气得躲在被窝里哭。后来我就不太和其他同学交往了，只是专心学习。后来又考上重点高中，再后来就来到了咱们学校。

辅导员：听起来从农村到大城市上学对你来说是一个非常大的转折。

小红：我们来自农村，常常被同学们瞧不起，我们只有努力学习。

辅导员：你认为同学学你说话、说你的穿着是在故意笑话你，是吗？

小红：有些同学是故意的，有些同学不是。

辅导员：我刚才听到你好像为了免于受到伤害，把自己全部封闭了起来，不再跟同学交往。

小红：只有这样，他们才不会在我面前开玩笑。

辅导员：把自己与同学隔离起来，就不会受到同学的伤害了。

小红：是。

辅导员：但是现在你自己一个人待着，依然和宿舍同学存在巨大的矛盾。

小红：（开始哭）我感觉她们都是在故意欺负我，她们看我来自农村，不爱说话，就欺负我。

辅导员：你感觉是同学在孤立你、欺负你，你有和同学交流过吗？

小红：没有，你看她们含沙射影阴阳怪气的样儿，不是在说我又是在说谁呢？

辅导员：从开学初你们宿舍非常和谐到现在把你孤立出来，中间发生了什么导致了现在的局面呢？

后来辅导员不断跟随着小红探索问题产生的原因，使小红领悟到自己不想与他人交往是因为内心的安全感不足，她不与别人交往也会觉得很孤独，但她不知道怎么与其他人交往，怕再次受到伤害，因此采取了隔离和防御的应对措施，借以保护自己。与同学的矛盾也不只是同学的问题，很大程度上也是小红自己的行为以及选择导致了这样的结果。小红领悟到这些后，辅导员又和她一起探讨如何改善与舍友的关系，并把她转介至心理中心，由心理咨询师协助她处理中学时的创伤，修复与构建与周围人的亲密关系。

四、理论依据

专注与倾听技术是以罗杰斯的当事人中心理论为基础发展而来的。当事人中心理论认为，在助人工作中，能够使得一个人改变的必要条件是无条件积极专注、共情同感、真诚一致和在场，这也是建立助人关系的四要素。

专注与倾听技术主要建立在无条件积极关注和在场两个要素的基础上。

（一）无条件积极关注

1. 什么是无条件积极关注

罗杰斯认为，如果助人者把当事人经验中的每个方面都视为当事人自身的一部分而接纳，那么他就正经历着无条件积极专注。也就是说，对于当事人表达出的“坏”的、消极的、痛苦的、恐惧的、防御的、病态的情感，以及“好”的、积极的、成熟的、自信的、社会性的情感，对于他前后矛盾和前后一致的方面，都给予同等程度的接纳。①

2. 主要观点

（1）对当事人的关注是无条件的。

当事人中心理论认为，一个人发生心理失调的主要原因是对真实经验的歪曲和否认，而导致这种歪曲和否认的是：个体的重要他人提供给个体的是具有条件性价值的关注，而无条件积极关注是不附加任何条件的、完全的接纳。

（2）对当事人的关注是积极的。

助人者对当事人的关注是正性取向的，即助人者对当事人是尊重、认可、欣赏、喜爱、关怀的，充满着温情，所以当事人对这种关注的感觉是喜悦、亲近、自由和无拘无束的。

3. 作用和意义

（1）促进助人者和当事人之间的关系。

助人关系是助人过程中最重要的部分，无条件积极关注给当事人所带来的这种正性的情感让当事人信任助人者。

（2）降低来访者的防御，促进当事人完全专注于自己的体验。

一般情况下，当事人会耗费大量的能量去保护自己免于被他人贬低、伤害和羞辱，导致自我不能去勇敢地探索和成长。无条件积极关注可以卸除当事人防御的盔甲，让当事人把更多的精力用在自我探索和丰富个人经验上。

（3）无条件积极关注帮助当事人变得更完整。

个体为了获得重要他人有条件的关注，就会忽略、歪曲、否认自己的真实体验，要想改变这种扭曲性的认知加工，就需要助人者提供无条件的积极关注，理解当事人的参考框架，帮助当事人重新接纳那些被自己忽视、否认的体验，从而让当事人的经验逐渐变得完整，信任自身的评价体系，变得更加有力量。

（二）在场

1. 什么是在场

在场是罗杰斯晚年提出的一个影响治疗关系的重要因素。在场是指助人者的一种完全处在当下的状态，是助人者与当事人一起工作的一种“存在方式”。当

---

① Rogers C R. The necessary and sufficient conditions of therapeutic personality change. Journal of Consulting Psychology，1957（2）：93-103.

事人中心理论认为，助人者的一个核心要素就是在场，完完全全地专注于、沉浸于当事人以及当事人所关心的内容上。通过保持在场，助人者完全将自己投入与当事人共同营造的一个场阈之中。

大卫·凯恩从旁观者的角度对罗杰斯咨询过程的在场进行描述①：

在一些场合下，我有机会近距离地看着卡尔·罗杰斯的治疗演示。打动我的是，罗杰斯具有特别专注的能力，专注于坐在他前面的当事人的能力，仿佛他和他的当事人进入一个不可穿透的气泡里，只有他们在里面，尽管事实是他们被一大群观察者观看着。

2. 主要观点

在场是一种状态，在这种状态下意味着：

（1）助人者接纳当事人所谈论的任何东西，并且对当事人的沟通方式做出回应，这种沟通方式包括当事人的言语、非言语、情感和肢体语言等。

（2）助人者关注并且“接受”当事人整个的人及其所有的沟通方式。

（3）助人者愿意完全打开自己和受到当事人的影响，并且愿意积极地对当事人做出反应。

3. 作用和意义

（1）当助人者完全在场，当事人通常体验到助人者全身心的关注与投入，从而促进当事人对自己的体验以及对所关心的内容的体验。

（2）在场是助人者的言行对当事人产生影响的基础，并且能加强这种影响。也就是说，当事人的无条件积极关注、共情和真诚一致在在场状态下会被最好地表现出来，在场起到了放大器的作用。

■ 五、具体技术

（一）非言语的专注与倾听技术

1. SOLER 技术②

S：侧面面对（Squarely）学生。

---

① ［美］大卫·凯恩. 以人为中心心理治疗. 高剑婷，郭本禹，译. 合肥：安徽出版社，2012：182.

② ［美］吉拉德·伊根. 高明的心理助人者：处理问题并发展机会的助人途径（第八版）. 郑维廉，译. 上海：上海教育出版社，2008：88-90.

辅导员和学生谈话时，座位应呈直角摆放。这样一方面双方均能感知对方是否在专注倾听，另一方面避免了直视的压力，会让学生感觉更加自然放松。

O：采用开放（Open）姿态。

胳膊或腿交叉的行为暗示一种防御性的心理，所以尽量不要上臂相抱或双腿交叉。有时候身体缩紧或者坐在桌子后面都是一种防御的表现。当然某种姿势不一定就必然代表着防御，更重要的是辅导员内心已经准备好“全身心地迎接谈话的学生”，并且在外在的姿势上展示出自己的内心状态。

L：上身稍微前倾（Lean）。

在会谈过程中，辅导员可以把身体略微向学生倾斜，这是一种专注、感兴趣、尊重、鼓励讲话的身体姿态。倾听中的“倾”就来自这种听的姿势。另外，辅导员要让自己感觉到舒服或放松，如果觉得前倾的姿势不舒服或有些僵硬，也可以进行调整，以使自己能够长时间地保持专注。辅导员应避免懒散地靠在椅背上，两腿分得很开，这样虽然很舒服，但会让学生感到辅导员心不在焉；对于异性学生，这种姿势会有一种性暗示的感觉。

E：保持良好的目光（Eye）接触。

眼睛是心灵的窗口，因此在交流互动中眼神接触是非常重要的。在深度辅导中，辅导员需要经常与学生保持善意的目光接触，通过目光传递出辅导员的关注、温暖、接纳和支持。

一般情况下，对于异性学生，尤其是女生，辅导员的目光范围应在小三角区域（两个眼睛和下巴之间的面部区域）。对于女性，注视胸部是一种无礼的行为。对于同性学生，目光范围可以扩大到大三角区域（额头和两肩之间构成的区域）。

保持良好的目光接触，表示我在专心地听，我对你讲的话感兴趣；如果在交流中没有眼神的接触，或者目光没有保持在三角区域，则意味着不愿意交流、撒谎、不感兴趣、焦虑。

应注意，保持良好的目光接触，既让学生感到关注与温暖，又不让其有压力。目光接触不是凝视，也不是目不转睛地对视，否则会让对方有被侵犯、被压迫等不舒服的感觉。

R：身体自然放松（Relaxed）。

谈话过程中辅导员的状态会传递给对方，进而影响对方的表现。在深度辅导中，辅导员要保持身体的自然放松状态。这包含两个方面：一是辅导员在谈话过程中要尽量避免紧张的情绪，否则会让学生也感到紧张，讲话时心里会想辅导员为什么这么紧张；二是辅导员要将上述专注的行为变成自己的习惯，否则会让谈话学生觉得很假、故作姿态、内外不一致。

SOLER 技术讲的是专注行为的基本准则。在实际的深度辅导过程中，不能机械地照搬套用，宜根据与学生的互动情况灵活应用。如深度辅导时辅导员身体稍微前倾显得关注、积极和热情，但有时当你身体前倾与学生的距离拉近时，学生会不由自主地后撤，说明你与学生之间的距离过近了，学生感受到了压力，这时就可以稍微后撤一点；有时，当你和学生谈话时，总感觉学生遥不可及，就可以前倾得多一些，或者把座椅往前移一点，马上彼此就会感觉亲近了许多。

2. 不恰当的身体专注与倾听行为

辅导员在深度辅导中有以下常见的不恰当的非专注行为。

（1）没有看着学生。比如不时地转头看其他地方，和其他人打招呼。

（2）忙其他事情。边与学生谈话边忙手中的事情，如在电脑上处理事情、看手机、看报纸、接听手机或电话等。

（3）面无表情或有其他令人不舒服的表情，如严肃、皱眉、情绪低沉、打哈欠。

（4）表现得高人一等。如坐在办公桌后面、坐着豪华的椅子、喝水、身体后仰、跷着二郎腿等。

（5）小动作。如抖腿、敲弹手指、低头看手表等。

（6）随意打断学生讲话。不认真听学生讲完就插话，或不听学生讲述就贴标签或下结论。

江光荣总结了一些合适和不合适的专注行为①，供大家参考（见表 3-1）。

表 3-1　合适和不合适的专注行为

合适的专注行为	不合适的专注行为
用相近的声调说话	不看帮助者
保持善意的目光接触	远离或不面对被帮助者
不时点头	嘲讽或轻蔑的表情
表情生动	皱眉、闭眼

① 江光荣．心理咨询的理论与实务．北京：高等教育出版社，2012：139.

续表

合适的专注行为	不合适的专注行为
时有微笑	阴沉着脸
不时有辅助手势	嘴紧闭
适当的空间距离	手指在指指戳戳
身体向被帮助者前倾	心不在焉的姿态
中等的语速	打哈欠
放松且自然	令人不快的声调
避免分心的行为	语速过快或过慢

（二）言语的专注与倾听技术

辅导员在专注与倾听学生讲述的同时，也会给予学生一些简单的言语回应，这些言语通常比较简短，具有过渡性和鼓励性的特点，促使学生愿意继续讲下去。

1. 过渡性的言语

过渡性的言语一般没有实际性的意义，但会对会谈起到连接、承启、鼓励和引导的作用，就像润滑油一样，同时也在告诉对方自己对会谈是专注的。

常见的过渡性言语有“嗯”“哦”“是的”“对”等简单的言词回应和插入语。

过渡性言语一般在学生讲话停顿时或者一段话讲完时使用，这样不会让谈话人有被打断的感觉。在使用的时候要注意频率，过少会让人感觉有距离；过多会让人有厌烦、被干扰的感觉。

2. 肯定性言语

在深度辅导最开始的时候，为了让学生能够聚焦于某一个问题，或者鼓励对方能够更深入地探索和分享，辅导员常采用一些简单的肯定性言语，让谈话人感受被鼓励和支持，从而更有力量地去探索自己的问题。

例如：

嗯，说什么都可以。

你想怎么说就怎么说，不用刻意润色。

刚才你说大家都孤立你，能否说得更详细一点？

你讲了很多，在你身上真是有很多的故事。你先讲讲你和爸爸妈妈的关系吧。

……

但要注意，肯定性的言语并不是为了淡化学生的一些负面情感，而是帮助学生去觉察、接受和表达自己的感受，这也是肯定性言语使用的重要目的之一。

（三）共情式倾听

共情式倾听是指辅导员在访谈过程中要把自己的想法、情绪放下来，而将注意力完全放在谈话的学生身上，去理解学生的心理世界。在共情式倾听中，辅导员没有任何评价，只是去听学生当前的情况和他们为解决问题的努力。

共情式倾听更多的是一种陪伴和同在。

例如：

小林在期末考试时作弊被监考老师发现，要受到处分。辅导员和小林谈话，小林一开始不说话，后来一说话就哭，说这是他第一次作弊，平时没有好好学这门课，他特别害怕挂科，所以偷偷地准备了小抄，没想到一下子就被老师发现，他当时就觉得自己完了，还要接受处分，现在感觉好后悔。

辅导员在整个过程中一直听小林讲。当他听到小林考试前担心和焦虑，作弊时紧张，作弊被抓后后悔和难受，会把自己听到的这部分反馈给小林。比如辅导员会告诉小林："我看到你现在很难过，也对自己做的事情很后悔。"这样的倾听就是共情式倾听。共情式倾听会让学生崩溃的情绪得到宣泄，同时辅导员的陪伴和同在也让小林感到了支持和面对挫折的力量。

（四）倾听听什么

1. 倾听学生的经历

一般情况下，学生常常以讲述自己的经历开始，也就是谈论发生在他们身上的事情。辅导员要认真倾听并把握什么时间、在哪里、都有什么人、发生了什么事。

例如：

她昨天晚上又偷偷用了我的洗衣粉。

上课的时候，我什么也听不懂。

妈妈在电话中骂了我一通。

2. 倾听学生的想法及思维模式

对于发生的事情，学生肯定会有很多的观点，这些观点包括个体的信念、价值观、态度和主张，这些观点会影响他如何看待发生在自己身上的事情，进而影响其情绪和所采取的行为。学生的想法包括：谈论其观点，陈述其意愿，宣布其决定，给出提议或计划。

例如：

她没有跟我说就用了我的洗衣粉，真没有礼貌。

连上课的内容都听不懂，我觉得自己好差劲。

妈妈一点都不理解我。

3. 倾听学生的行为表现和行为模式

行为就是指当发生了某件事情以后，学生做了些什么或克制自己不做什么。很多的时候，我们采取的行为恰好就是我们的习惯，尤其是存在外在压力的时候。行为也往往意味着某种责任。

例如：

我把洗衣粉藏了起来。

因为听不懂老师讲的内容，我上课常常睡觉，后来连课堂也不去了，在宿舍里打游戏。

妈妈骂我的时候，我就把电话挂了，好长时间没有给家里打电话。

4. 倾听学生的情绪、情感和心境

情绪感受反映了个体和外界的关系，是体验最直接的表现形式。相对语言，情绪是更真实的，情绪是我们了解学生内心状态的较好途径，情绪也反映了一个人的生活质量，同时也会影响一个人的行为。辅导员通过倾听情绪可以了解学生的心理状况。此外，情绪也是一种能量，它可以推动或引领我们去行动。通过倾听学生的情绪，辅导员还可以起到帮助其疏通内在能量的作用。

例如：

她没经过我的同意就用我的洗衣粉，我感觉很恼火。

上课听不懂，我感觉好受挫，时间长了，我的情绪变得越来越低落。

妈妈骂我的时候，我感到生气，同时也感到羞愧。

通过倾听发生在学生身上的经历、想法和认知模式、行为表现和行为模式、情绪感受和心境，辅导员就可以对学生的问题有更完整的理解，更好地制定辅导计划、促进学生领悟和制订行动方案。

六、注意事项

（一）要全身心在场，不要听而不闻

不能表面在听，但脑袋里在想其他事情，比如“晚上的活动该如何开展”“女朋友的生日该怎么过”“今天领导为什么没有理我”，学生讲的内容却什么都没有听进去。

（二）要整体理解，不要以偏概全

听到只言片语，就以偏概全，根本没有真正地去理解学生。比如听到学生说喜欢上两个女生，就马上告诉学生不能脚踏两只船。

（三）要无条件地敞开倾听，不要预设结论

倾听的过程中，不要预设结论，比如之前听了其他人提供的一些信息，辅导员提前对学生有了预判：“这个学生很固执”“这个学生不说实话”等。如果有了这样的假设，在倾听的过程中，辅导员会把更多的精力放在如何对付固执的、不说实话的学生，而不是去倾听学生。

（四）要灵活跟随着学生的节奏，不要固定不变

倾听是一个动态的过程，辅导员要一直保持高度的专注和投入。学生在接受辅导过程中不会始终保持同一种状态，辅导员在倾听中也必须保持灵活性，跟随着学生的节奏。

（五）要听懂情绪和意图，不要只听表面内容

要倾听学生的真实意图，而不是只听言语内容。在社交场合中，人们往往不会直接表达自己的真实想法，在辅导过程中同样会出现这样的情况，但会通过非言语的信息表达出来。辅导员要特别关注与言语信息不一致的非言语信息，非言语信息才是学生内心的真实想法。比如学生说“没关系”，但眼睛却没有看辅导员，转向其他方向，那说明内心认为“有关系”。

■ 七、练习

练习1:信任之旅

此活动主要是体会助人过程中的非言语行为对助人效果的影响以及助人关系的建立及其作用。

（1）提前准备好眼罩，规划好行走的路线，设置好障碍。障碍可以是跨越椅子或桌子、钻杆，或一些自然的障碍，如上下楼梯、走花坛的边缘、从树枝下或花丛中走过等，一般路线上有两到三处即可。

（2）所有成员分成两组，一半成员蒙上眼睛扮演盲人，另一半成员扮演引路人。在每一障碍处可设置1~2名助手，帮助设置障碍和保障成员安全。

（3）盲人戴上眼罩，引路人选择一个盲人做伙伴。引路人按照预先设定的路线带领盲人完成活动。在活动过程中，引路人不能讲话，只能通过非言语的方式来引导盲人。回到教室后，引路人把盲人放到座位上迅速离开，在确认盲人认不出是谁带领时让盲人摘下眼罩。

（4）分享主要集中在以下方面：

对于引路人：

你是如何选择伙伴的？

你是怎样引领伙伴的？

你对活动完成得是否满意？为什么？

你有什么样的感受和领悟？

对于盲人：

你戴上眼罩看不见是什么样的感觉？

你等待被选的过程中有什么样的感受？

你是如何在伙伴的引领下完成活动的？

你对你的伙伴的引领是否满意？为什么？

你对自己和他人有什么新发现？

助手：

你在障碍处观察到大家是如何穿越障碍的？

有没有一些独特的行为或表现?

对于帮助另一个人，你有什么感受与领悟?

(5) 如果时间允许，引路人和盲人可以交换角色，再体验一次。

练习2:专注与不专注

(1) 三人一组自由结组，一名成员是A，另一名成员是B，第三人为观察员。

(2) 带领者把所有A成员叫到门外，告诉他们要讲一个最近高兴或难过的事情给B，大概6分钟的时间。

(3) A成员回去后，带领者再请B成员到门外，告诉他们一会儿A成员要讲6分钟关于自己的一段故事。前3分钟要表现出非常专注的行为，运用学到的技术去关注和倾听A；3分钟时，带领者会咳嗽两声（或发出其他提前约定好的信号，此信号不能引起A的注意），这时B开始表现出不再专注和倾听A的讲述，比如眼睛不看A，低头看手机，两手交叉靠后，不对A讲的内容做出反应等，一直到带领者喊结束为止。

(4) B组成员回去之后，带领者喊“开始”，3分钟时发出信号，6分钟时喊“停”，活动停止。

(5) A和B分享刚才的过程，自己的体会和感受，以及对活动过程的觉察。观察员分享自己的观察。

(6) 如果时间允许，小组内可以交换角色，重复刚才的过程。

练习3:观察言语行为和非言语行为

(1) 利用角色扮演来练习倾听技术。

(2) 四人一组。甲乙两人进行倾听练习，甲扮演分享者，乙扮演倾听者。丙丁在旁边观察，一个人观察倾听者的言语信息，另一人观察倾听者的非言语信息。

(3) 甲乙完成5~6分钟的故事分享。丙丁分别对乙的言语信息和非言语信息进行客观行为描述记录。

(4) 分享结束后，甲乙分享自己体验到的交流过程，自己的觉察、体会和感受。丙丁分享他们的客观观察。大家一起讨论在此交流过程中，乙是如何使用言语信息和非言语信息对甲进行关注和倾听的？这些技术的使用起到了什么作用？在此次活动中表现得比较好的地方和有待改进的地方分别是什么？通过练习有什么样的觉察和思考？

（5）角色互换，进行同样的练习。总体要进行四次角色互换，保证每个人都能够扮演一次倾听者和一次分享者。

练习4:倾听练习

（1）利用角色扮演来练习倾听技术。

（2）三人一组。一人扮演辅导员，一人扮演学生，一人扮演观察员。

（3）学生讲述自己近期的一段经历或故事，也可以是别人的经历或故事，讲别人的故事时要扮演成当事人以第一人称来讲述；辅导员利用专注和倾听技术完成一段深度辅导。观察员认真观察辅导员深度辅导的工作过程。练习5~6分钟。

（4）学生和辅导员分别分享刚才的过程，自己的体会和感受，以及对所完成的辅导工作历程的觉察。学生分享自己体验到的辅导过程，对深度辅导过程的感受。辅导员着重分享自己是如何与学生进行深度辅导工作的，是如何对学生进行关注的？是如何进行倾听的？有什么样的感受和思考？观察员报告自己的观察，包括辅导员具体的工作过程、所使用的技术，以及辅导员是如何运用技术不断向前推进的等。

（5）三人一起交流和讨论，在刚才的工作过程中，有哪些是积极的关注与倾听，哪些不是积极的关注与倾听？通过练习有什么样的觉察和思考？

（6）如果时间允许，小组内可以交换角色，重复刚才的过程。

练习5:关键信息的倾听练习

（1）利用角色扮演来练习倾听技术。

（2）三人一组。一人扮演辅导员，一人扮演学生，一人扮演观察员。练习5~6分钟。

（3）学生讲述一段自己的故事或经历，辅导员利用专注和倾听技术完成一段深度辅导。观察员认真观察辅导员深度辅导的工作过程。辅导员在工作时，要注意关注与倾听学生的以下关键信息：

学生的主要经历或故事是什么？

学生的核心体验（学生现在处于什么样的状态）是什么？

学生有什么样的情绪？

学生如何看待自己的问题？有什么样的想法和思考？背后的思维模式是

什么？

学生都采取了哪些行动？背后的行为模式是什么？

（4）三人一起交流和讨论：在刚才的工作过程中，辅导员是否觉察到了学生的上述方面，又是如何把倾听到的这些内容反馈给学生的？通过练习有什么样的觉察和思考？

（5）如果时间允许，小组内可以交换角色，重复刚才的过程。

第四章 复述技术

一、复述技术的概念

复述指重复或采用言语重新组织对方的谈话内容。复述一般以陈述句的形式出现，通过提炼学生所说的关键信息，从而准确地反映学生所说过、谈论过的内容。在使用复述技术时，辅导员不能改变、修改或添加学生所说的内容。因此，复述所用的语言一般比学生说的内容要少，但是意思相近。另外，复述一般是简短和准确的，往往比学生的表达更加简洁、清晰。

复述并不是简单地重复一遍学生所说的话，更不是所谓的“鹦鹉学舌”，而是一种灵活而富有创造性的技术，需要辅导员捕捉学生最不确定的、没有思考过的或尚未完全理解的部分①。它们能够更加具体、清晰地表达学生的意思。准确的复述需要辅导员认真地倾听学生，专注于对话内容和过程，并用简洁凝练的词汇概括学生所说的话。因此，在深度辅导过程中，这一技术需要辅导员关注学生所说的每一句话，并将自己的最佳猜测反馈给学生。

---

① ［美］克拉拉 · E. 希尔. 助人技术：探索、领悟、行动三阶段模式（第 3 版）. 胡博，等，译. 北京：中国人民大学出版社，2013：75.

二、功能与作用

（一）鼓励学生继续表达

深度辅导中，辅导员需要传达出尊重和感兴趣，才能与学生建立起信任关系。简短而真诚的复述能够让学生感到自己正在被辅导员倾听，从而鼓励学生继续表达。因此，及时的复述能够创建真诚、友善、和谐的谈话氛围，能够为建立关系提供保障。

（二）检验辅导员是否理解

辅导员和学生之间存在着生活经历、年龄、身份地位、性格特征等方面的差异，尽管辅导员努力地倾听并尝试理解学生，但有时辅导员的理解和学生的谈话意图仍然存在差异。复述技术能够为辅导员提供检验自己是否准确理解学生的机会。

（三）引导谈话的方向

辅导员的复述内容和复述方式，反映了辅导员对学生谈话内容的理解。辅导员选择复述哪些信息、不复述哪些信息，能够为接下来的谈话提供方向。例如：

学生：我学习又有点跟不上进度了。每天早上上课时我总是担心自己又听不懂课。我爸妈最近又在说我“以前那么优秀，现在为什么变成这样”之类的话。我真的很烦。

在这段陈述中有很多信息，复述不同的信息会将谈话引向不同的方向。辅导员可以选择任何一个信息进行复述，如“跟不上进度”“担心听不懂课”“与父母的关系”“很烦”等。复述任何一个信息都会把谈话带到不同的主题上。因此，辅导员可以利用复述来引导接下来的谈话内容，并帮助学生将问题聚焦在比较重要的方面。复述过后，学生的谈话内容可能会被引导并聚焦到某个问题上，并开始对该问题有进一步的了解。

（四）引发学生思考

复述是辅导员尝试了解学生的问题，并帮助学生探索他们对自身问题的看法的技术。通过辅导员的复述，学生能够倾听到自己问题的关键信息，进而对自己的问题有更进一步的理解。此外，通过辅导员复述的内容，学生有机会听到自己思考过程中出现的矛盾和错误。学生往往能够从辅导员的复述中获得新的领悟，从新的角度理解自己。

三、适用时机

（一）当需要建立信任关系时

当学生描述自己的问题时，辅导员需要做一个感兴趣的倾听者，并且不时地把自己的理解通过复述传递给学生。因此，复述能够向学生传递一个信息，即辅导员正在积极地倾听自己谈论的内容。在谈话开始阶段，多用复述有助于培养信任关系。

（二）当辅导员需要检验自己的理解时

辅导员需要用复述检验自己是否真正听懂了学生的谈话内容，而不是想当然地认为自己已经听懂了。假如辅导员仅仅采用“我理解你的想法”“我明白你的感觉”等来回应学生，虽然比复述容易，但会显得比较空洞。相比而言，复述是更难但更有效的回应，能够表达辅导员正在理解学生说话的本质。

（三）当学生需要重新理清思路时

一个人的表述，经过另一个人的复述往往会有所不同，复述能够为学生提供另一个人看待问题的视角，帮助学生认真思考自己的想法。当学生遇到困扰时，独自一个人思考往往会陷入困境或“钻牛角尖”，或者很难理出头绪。如果有另一个人在倾听并把他的话复述给他听，就能够为学生提供一个理解并理清自己思路的宝贵机会。

复述能够让学生知道，自己的问题在辅导员眼中是什么样子的，这就能使学生重新思考自己的想法、态度。通过辅导员的复述，学生可能会补充一些漏掉的信息，并开始重新澄清事实，发现以前没有注意的角度，并对问题的某一方面进行彻底的探索。复述可以使学生对自己的问题有新的理解。

（四）当需要采用理性的方式描述问题时

学生谈论自己的问题时，更容易表达自己的态度、解释或想法，而较少表达自己的情感。过于理性的学生，在表达感受方面存在困难，在深度辅导中很难触及这类学生的情感。复述技术非常适用于这种情境，因为理性的学生喜欢分享他们对问题的思考，而并不愿意谈及自己的感情。例如学生说“我认为我的室友有些地方做得很不对，真是让人无语；但有些地方还是可以接受的，比如他比较勤快”。在这里，学生可能对室友存在不喜欢、失望、反感等情绪，但是学生无法明确地描述这种情绪。这时辅导员可以复述说“你的室友在某些方面可以接受”，或者“你的室友比较勤快”，通过复述学生描述的室友的积极方面，促使学生辩证地思考室友的问题。

四、理论依据

复述技术是以卡尔·罗杰斯为代表的人本主义咨询流派采用的重要技术之一①。罗杰斯将复述又称为“回应”或“准确反应”。在咨询中，罗杰斯有时只是把来访者所说的话“复述”一遍，这种复述看似简单，听上去好像只是一个回应或回声，却能够像镜子一样准确地反映出来访者的情感、思想和话语中想表达的意思。

罗杰斯非常重视对来访者需求和感受的理解。在咨询过程中，咨询师需要利用复述来接受来访者的观点，用一个词概括出来访者的意思，用一个陈述句总结来访者的话。当来访者难以表达自己真正想表达的意思时，咨询师也需要通过复述来说出确切的词汇，使来访者含糊的或自相矛盾的陈述变得清晰而有意义。

复述技术也是罗杰斯治疗中被人误解最多的一项技术。一些心理治疗师认为复述技术会让咨询变得非常简单和肤浅，甚至一些人把人本主义疗法戏称为“复述”疗法。一些新手咨询师在谈话时会不停地复述，但不得要领。当咨询师滥用复述技术时，会让来访者感到困惑，并且导致咨询无法继续深入。

罗杰斯是一位复述技术大师，他能够老练地使用复述技术。罗杰斯在咨询中

① ［美］Barry A. Farber，Debora C. Brink，Patricia M. Raskin. 罗杰斯心理治疗——经典个案及专家点评．郑钢，等，译．北京：中国轻工业出版社，2018.

常用的三种复述方式有：

（1）复述原话。这一技术罗杰斯不经常使用。当他使用时，主要目的是表现对来访者所叙述的某一重要内容的关注。

例如：

来访者：他想要帮助我。

罗杰斯：他想要帮助你。

（2）把来访者的话加以整合，把其中的意思清楚地复述出来，即采用简洁而清晰的方式复述来访者想表达但没有说出来的意思。这一复述方式能够更为清楚地表达来访者的意图。

例如：

来访者：我不后悔去关心别人，去爱别人，但是，你知道，我有时也会像个孩子，也希望得到别人的爱，有点互相关爱。我想要得到回报。

罗杰斯：你认为爱应该是相互的。

来访者：是的，是的……

（3）采用夸大或突出的方式复述，对叙述中的意思做进一步澄清。

例如：

来访者：我一说我在南非工作，他们就都走开了。

罗杰斯：所以，你觉得自己在这种社交场合中就像是个别人躲之不及的麻风病人。

来访者：是的，是这样的……

可见，在人本主义取向中，复述是一种看似简单但运用灵活的技术，能够帮助来访者表达或明确他们的想法。因此，在深度辅导中辅导员需要不断练习并熟练运用复述来帮助学生了解自己的想法。

五、具体技术

复述可以从复述词语、句子等开始，根据复述的目的不同分为几种类型①。

① ［美］John Sommers-Flanagan，Rita Sommers-Flanagan. 心理咨询面谈技术. 陈祉妍，江兰，黄峥，译. 北京：中国轻工业出版社，2015：90-97.

（一）复述关键词语

辅导员可以选择复述学生描述中的关键词语或短语。这种复述比较简洁明了，但能够让学生聚焦于辅导员复述的内容。复述关键词语具有较强的引导性。复述单个词或短语能够推动学生转向更深层意义的谈话，使谈话内容更加深入和聚焦。

例如：

学生：我对我的导师很不满，对他很生气。

辅导员：不满和生气。

学生：对，他的做事方式有时我没法接受……（辅导员的复述引导学生思考导师的做法）

学生：我对我的导师很不满，对他很生气。

辅导员：导师？

学生：对，我对别人就没有这种感觉……（辅导员的复述引导学生思考与别人和导师关系之间的不同）

学生：我对上大学以来的成绩很失望。

辅导员：失望。（辅导员的复述引导学生思考理想与现实之间的差距）

学生：对，这次考得很不理想……

学生：我对上大学以来的成绩很失望。

辅导员：成绩。（辅导员的复述引导学生思考某一门课程的具体情况）

学生：对，特别是主修课的成绩，就拿线性代数来说吧……

学生：我学不进去，觉得上课跟听天书似的，我也想好好学习，也想改变，但很容易陷入恶性循环。

辅导员：你觉得自己学不进去。

学生：对，每天上自习我好像都看不进去书，很多题目问了老师也不会做……（辅导员的复述引导学生思考自己学业困难的具体表现）

学生：我学不进去，觉得上课跟听天书似的，我也想好好学习，也想改变，但很容易陷入恶性循环。

辅导员：想改变。

学生：对，哪个学生也不想变成这样……（辅导员的复述引导学生思考对自己的期望）

（二）以话语的形式复述

辅导员可以采用一句话或几句话的形式对学生刚说过的话进行重新组织和表达。复述要简单而直接，只复述学生所描述的核心内容即可。同时，复述也不必包含辅导员的积极或消极的观点、反应和评价。

例如：

学生：我有拖延症，如果有任务时，我总是等到最后一天才急忙熬夜做，效果也不好。其实我可以早点做的，但总是想先玩一下。其实如果有充足的时间，我能做得挺好的。

辅导员：你看到了你的拖延模式，你认为是你的拖延使你无法把任务完成得像你本来能做到的那样好。

学生：我最近一段时间心情很不好，觉得运气太差了。我竞选学生会主席但失败了，和女朋友分手了，而且学习成绩一直提不起来。我的成绩处于保研的边缘，压力很大。

辅导员：你觉得最近你面对了比较多的失败，而且学业压力很大，你觉得你很难应对这些压力和问题。

当辅导员需要寻找复述的关键点时，可以选择复述学生故事中的关键经验、想法和行为。

例如：

学生：我在想，我申请夏令营的事情怎么变得这么顺利，顺利得不真实。我发了几个简历，大概一两个星期就得到了两个offer，还都是不错的大学。本来我没抱太大的希望来着。

辅导员：事情比你预料的还要好，而且好得几乎让你无法相信。（辅导员准确地抓住了学生表达的含义，准确地反映了学生此时此刻的想法）

学生：考试前，一个室友借了我的笔记本，后来没还给我。我考试没有笔记可以复习，所以没考好，但他竟然得了80分。我好像后来也没有问过他这件事。

辅导员：让你愤怒的是，他借了你的笔记本，你也没有对此采取过行动。（辅导员复述的是学生的关键经历——笔记本被借，以及学生的行动——在这里是对这件事没有任何作为，这两个关键信息是学生困惑和愤怒的来源）

学生：我决定了，不再改变了。我之前一直在考研和出国之间徘徊不定，现在我选择出国，但考研似乎更容易，它像一个巨大的诱惑一样，似乎还在等着我选它。但是我觉得我的决心已经足够坚定了。

辅导员：尽管你仍然犹豫，但你已经选择了出国作为你的目标。（当学生宣布了关键的决定或者表示下定决心做某事时，辅导员需要认清学生表达的关键信息。在这里，辅导员针对学生的选择行为作出回应，指出了学生目前的选择）

（三）变换复述的句式

对于初学者，典型的复述句式可以是："你感到……（学生想表达的情绪），因为……（引起学生情绪的原因，例如学生的想法、经验、行为等）"①。例如：

学生：在宿舍里，其他人都不理我。今天中午一回去，发现他们在聊天，但我一进门他们就不说话了，装着在做别的事情。这算什么呀！

辅导员：你感到很生气，因为你觉得自己被他们孤立了。

辅导员需要注意，在选择复述的感受方面的词汇时，需要准确地反映学生的情绪和情绪的强度，"满足""高兴""喜悦""幸福"以及"不高兴""郁闷""悲伤""绝望"等代表不同的情绪，运用时要谨慎选择。加在"因为"后面的话语将会促进学生分享，所以需要抓住学生要表达的核心信息和学生最关注的部分。

当辅导员能够熟练运用复述后，可以灵活变换复述的句式。因为复述有时会使人感觉辅导员在完全重复学生的话，这样可能会让谈话双方觉得谈话内容有些奇怪。为了减少重复的可能性，辅导员可以采用多种句式来进行复述。例如，在复述前加入如下语句，使复述看起来比较自然：

① ［美］吉拉德·伊根．高明的心理助人者：处理问题并发展机会的助人途径（第八版）．郑维廉，译．上海：上海教育出版社，2008：103.

我听到你说……

听起来像……

情况看起来是……

我想是不是……

你说的话里面……

你刚才说……

（四）比喻式复述

辅导员可以用比喻或类比来捕捉学生所说内容中的关键信息。比喻或类比能够让学生描述的内容变得生动、活灵活现，能够采用较少的话语概括很多内容，留给学生丰富的想象空间。一般而言，当辅导员运用比喻时，学生会感到辅导员真正理解了自己。

学生：我妈总拿我跟别人比，并且这个“别人”的形象是她拿很多周围同事的优秀孩子拼凑起来的，每次回家她都要告诉我谁家的孩子取得了什么成就。虽然她没有批评我，但她的话让我感到十分不舒服。

辅导员：跟你妈妈在一起时，你感到像背着一座大山一样，压力很大。

学生：我准备考研，但好像决定下得有点晚了，别人都开始复习了。而且考研路上有很多阻力，比如，我的成绩一直不是很好，很多基础也不牢，英语也得重新复习……

辅导员：你觉得考研这条路并不顺畅，充满了艰难险阻，需要你克服。

学生：最近我遇到很多事情。我竞选学生会成员失败了，女朋友也分手了。最近又要考试，我也学不进去，看样子又得挂科……

辅导员：这真是屋漏偏逢连夜雨啊。

（五）总结式复述

总结式复述是围绕一段时间的谈话内容进行复述。总结式复述可以用在一个话题告一段落并开始一个新的内容时，也可以用在多次深度辅导过程中总结上次的谈话内容时，还可以用在一次深度辅导的最后，用来提炼整个谈话的过程。总结式复述也可以用于多次深度辅导之后，对整个深度辅导进行总结。

运用总结式复述技术时，辅导员需要选择谈话中关键的概念和关键的方面，向学生尽可能精炼、准确地重述它们，最后也需要用问句检验总结的准确性。

例如：

谈话开始时的总结式复述：上次咱们谈到了你对学习的感觉，你也谈到了父母对你的期望。你觉得内疚，而且焦虑。我们上次也讨论过你可以做哪些改变。这周你的学习情况怎么样？

谈话中的总结式复述：为了改善你的学习，我刚才听到你这周做了很多尝试。你的尝试有些起了一定作用，有些没有起作用。但你至少能够去听一节主课了。

谈话结束时的总结式复述：咱们今天的谈话主要围绕你下一步的计划。看起来，要想使你投入学习，需要你在以下方面做出改变：首先，需要克服你面对学业压力时的恐惧和不自信；其次，要把你的注意力从网络游戏上转移到现实生活中；最后，你需要加入一个学习小组，或者需要一个同学帮扶你。

（六）澄清式复述

澄清式复述的目标是检验辅导员是否准确地理解了学生刚说的内容。在深度辅导中，有时辅导员不能清楚地理解学生在说什么，有时学生也不确定自己在说什么，有时辅导员和学生都不太明白所谈内容的含义或目的。在这种情况下，辅导员可以采用澄清式复述来向学生确认他们所说的内容，学生有时也会帮助辅导员一起去澄清辅导员的理解，在这一过程中谈话内容会越来越清晰。

澄清技术有如下形式：

（1）复述+问题式澄清。由一句复述和一个封闭式问题组成，先后次序随意。采用复述表达辅导员自己的理解，并采用封闭式问题向学生核实自己的理解是否准确。封闭式问题的常用句式有“我理解对了吗？”“你说的意思是这样吗？”“这是你想表达的吗？”等。

例如：

学生：上了大学以后，周围的人都很厉害，我觉得自己没有任何优势，别人都那么优秀。在他们面前我感觉很没有自信，有一种被比下去的感觉。这种感觉很不好，我真的不想成为最平凡的那个……（学生说了很多跟其他优秀的同学比较后的感觉）

辅导员：我的理解是，最让你伤心的是在那些优秀的同学面前，你感觉自己没有任何优势，非常自卑。你说的是这个意思吗？

（2）包含复述的选择性问句。在这里，选择问句是向学生提供两种或更多种的选择，让学生选择更准确的选项。选择性问句中包含了复述的部分，也会加入一些新的选项。

例如：

学生：我不想上课，上课听不懂，觉得课很水，下课也做不会作业。我也不喜欢教我们的那个老师，每天都在念讲义，没有一次是认真讲课的。

辅导员：你是不喜欢老师的讲课方式呢，还是不喜欢其他的？

学生：我讨厌宿舍里的那个室友，跟她有过一次激烈的吵架。我真的不喜欢她的行为方式和对人的态度，我很看不惯。

辅导员：你是在吵架前就不喜欢这个室友呢，还是吵架以后开始讨厌她的？

（3）以猜测形式提出的复述。辅导员以猜测的形式向学生复述听到的内容，此时需要学生澄清辅导员理解得是否准确。

例如：

学生：我不能忍受室友的噪声，晚上他跟女朋友聊天聊到很晚，就在宿舍里聊，大家都没办法学习或看书。他的生活习惯也非常脏乱差……（学生说了很多这个室友的让他难以忍受的行为）我跟他说了几次他也不改。我觉得再这样下去我会疯掉的。

辅导员：我猜，你无法忍受这个室友的很多习惯，而且不管你怎么努力，好像都没办法让他改变。

需要注意的是，上述澄清式复述中，辅导员需要把学生有时含混不清的表达转化为清晰、简洁、有意义的表达。辅导员需要复述出学生的谈话主题和主要意图，而不需要面面俱到地关注并复述所有内容。

（七）指导性复述

辅导员可以选择复述的角度，从而引导学生重新思考自己描述的内容。特别是辅导员可以从积极的角度进行重述。辅导员在倾听过程中需要仔细思考，关注、放大学生的积极表达。在这一过程中，复述带有强烈的指导作用，能够从积极的方向引导学生。同时，这种复述带有较强的暗示性，能够向学生传递看待问题的积极视角。

例如：

学生：我想过休学。

辅导员：你曾经想过休学。（辅导员强调了来访者的感受和想法，但加了“曾经”二字，点明了学生的休学想法是“曾经”有过的）

学生：那个老师对我说“你不会学好这门课的”，这句话一直在我耳边回响，让我感到非常沮丧。

辅导员：所以你很多时候都会想到这句话。（辅导员把学生的言语表达从“一直”转变为“很多时候”，尝试减轻学生的压力）

学生：我不是个好学生，因为我曾经作弊，这件事会影响我很多年甚至一辈子。

辅导员：所以你有这种想法——因为你曾经作弊，所以你不是好学生。（辅导员把学生的语言从描述客观事实变成描述主观知觉。客观事实难以改变，但主观知觉可以在他人的帮助下有所调整）

学生：小时候家里没什么钱，家里经常受别的亲戚欺负，所以我爸妈总让我好好学习，出人头地，把亲戚家的孩子们都比下去。我也是这样做的，从来没让爸妈失望过。上了大学后，我觉得我很迷茫，因为我已经考上了一个我爸妈都骄傲的学校，我不知道我自己的人生目标是什么……

辅导员：现在你长大了，发现学习不只是为了父母了，你正在寻找自己的方向。（辅导员开始采用积极的角度帮助学生重新建构他目前的迷茫状态，指出学生目前的迷茫不仅是失去目标后的失落，而且带有一定的积极成分，即学生需要为自己找到方向）

六、注意事项

（一）仔细选择复述内容

辅导员需要明确，对学生的表达无一遗漏地给予回应、进行复述是不可能的。在复述过程中，辅导员要慎重考虑并选择要复述的信息。复述的目的是让学生聚焦于某个问题，并在这一问题上谈论得更加深入，对问题有更清楚的了解，而并非只是重复学生已经明确的东西。准确而有效的复述需要辅导员捕捉学生敏感的、核心的信息。在深度辅导中，辅导员需要捕捉学生陈述中的“关键点”，例如学生最不确定的、未曾思考过或没有完全理解的部分。

辅导员需要发挥自己的判断和从自己的角度选择复述的关键点。在深度辅导中辅导员可以考虑从以下信息中寻找关键点：学生关注最多的、学生思考最深入的、学生感到疑问或矛盾的地方、学生尚未解决的问题。另外，辅导员也可以留意学生表露的非言语信息，例如眼神躲闪、停顿、迟疑、面部表情或身体姿态改变等。这些身体姿态的改变表明学生在叙述时可能受到了叙述内容的影响。

（二）避免逐字逐句地复述

辅导员在复述学生的陈述时要注意简短而精确。复述的部分往往是辅导员关注的最重要的信息，不必重复学生的每一句话。例如，当学生谈到了很多阻碍自己好好学习的原因时，辅导员可以这样复述：“因此，最近以来你一直不能够很好地学习”，或者“最近要你好好学习变得非常困难”。在这里，如果复述学生描述的每一个原因是没有必要的，会占用太多时间而且可能会使谈话迷失方向。在这种情况下，辅导员可以就学生的描述内容进行总结并用简短的话语复述学生谈话的目的，这样的复述就能够让学生聚焦在重要的方面并进行深入探索。

（三）针对学生本人的想法进行复述

辅导员复述时，重点应放在来谈话的学生本人的想法上，而不要复述学生描述的其他人的想法。这样能够使谈话的重心聚焦在学生本人的问题和需要的改变上来，而不是去责怪他人或期待别人改变。例如，与一名想换宿舍的学生谈话时，学生不断谈到自己的室友噪声很大、生活方式比较懒散等，辅导员要帮助学生把重点聚焦在自己身上，因此恰当的复述可以是“你认为自己无法忍受他们的行为”“你想要换宿舍”，而不是“你的室友经常打扰你”“你室友对他人的感受考虑得比较少”。这样就能够促使学生更深入地思考自己面对困难的应对方式，而不是“声讨”室友的行为。

（四）避免带入自己的判断

复述的重点是帮助学生进行深入探索，因此辅导员在复述时需要放下自己事先的假设。辅导员应当尽量避免在复述过程中带入自己的主观判断，避免想当然地假设自己已经知道或已经了解了学生的内容。辅导员也应当避免只复述自己好奇或感兴趣的问题，而应当倾听学生的故事并从帮助学生的角度来选择复述的内容。

（五）复述有时不会完全准确

辅导员在复述时，往往期望自己复述的内容是恰当和准确的，最能够接近学生的谈话重点。但精确而完美的复述往往是做不到的，辅导员也不必要求自己复述的内容完全准确。当学生对自己的问题比较困惑时，他们的描述一般也会比较混乱，这时辅导员的复述不一定要完全准确。当辅导员的复述不符合学生的本意时，学生会进一步说明他的意思，这样就能够使谈话双方进一步加深对事件的认识。因此，复述能够给辅导员一个检验自己接受信息是否准确的机会。

另外，复述的目的是为了向学生传递辅导员的倾听和接纳的态度。当辅导员想要努力抓住正确的内容时，可能就会使复述显得生硬。辅导员需要记住复述的目标是向学生表示自己正在努力地倾听和理解，而不是一定要使复述的内容完全正确。

■ 七、练习

练习 1:寻找复述的关键点

下面是一个学生的描述，请思考你计划从哪些关键点或哪些方面进行复述，写在下面的空白处。

学生：上次老师的帮助和答疑让我感觉不错，我又发现了我自己的潜力，让我重拾信心。但是我也怀疑这么长时间了我还能不能跟得上。而且，我的父母给了我很大压力，让我一想到他们就觉得对不起他们。我爸爸还有心脏病身体不好……这些都让我非常担心，会让我分心。这样的我真的没办法全心地投入学习。

①______________________________

②______________________________

③______________________________

④ ____

下面是一些可供参考的复述，四人一组讨论一下，不同的复述是如何把谈话引向不同的方向的。

（1）很担心。

____

____

____

（2）你不知道自己是不是能够投入学习。

____

____

____

（3）你想投入学习，但也背负着很大的压力。

____

____

____

（4）看来你对自己有了一定信心，但还是不确定。

____

____

____

（5）上次的谈话中我们谈到了你的学习动力问题。我看到这次你开始愿意做出改变了，但是一些压力事件让你无法专注，是这样吗？

____

____

____

练习 2:复述练习

（1）逐字逐句复述练习。

三人一组，甲进行分享，乙倾听，丙做观察员。

甲每讲完一句或一段话后，乙要逐字逐句复述，丙作为观察员检查乙复述得是否有错误或遗漏。5 分钟后，三人互换角色，进行同样的练习。

三人一起讨论，分享彼此的学习与感受。

（2）概括复述练习。

三人一组，甲进行分享，乙倾听，丙做观察员。

甲每讲完一段话后，乙要将甲讲的内容总结成一到两句话。5 分钟后，三人互换角色，进行同样的练习。

全体成员一起讨论，并分享逐字逐句复述练习和概括复述练习的不同和感受。

练习 3:不同形式的复述

以下是三个学生的陈述，请根据学生的表达，从不同的角度写出复述的内容。

学生 1：这届学生会部长们都还不错，大家能够齐心协力地把事情做好。但是主席团成员里，有一个成员总是不来参加例会，也不过问事情，并且很多他自己负责的事情他也不管。给他提了很多次，他每次都说“好，好，马上就做好”，但从来都是我们几个帮他做。这样的人我们都拿他没办法。

复述关键词语:____

复述话语:____

比喻式复述:____

指导性复述:____

学生 2：前几天我遇到一件事情。我的室友里有两个非常外向能说的人，她俩总在一起。前天我在屋里睡觉，锁着门。她俩进来了，因为其他室友都有课，她俩就以为寝室里没别人了，就在那里说班里谁喜欢谁的事。我也没理她们继续睡，但后来我闹钟响了，她们就发现我在宿舍了，她们就说我在偷听。我一直说没有，是她们先打扰我睡觉的。但是她们不管，一直骂我。后来我出去了，不知道她们是不是在背后也说了我的坏话。

复述关键词语:____

复述话语:____

比喻式复述:____

指导性复述:____

学生 3：我作业太多了，但是我没时间做。我加入了校学生会、社团联合会和两个兴趣社团，每天都有很多事要忙。我觉得参加这些社团非常必要，因为必要的社会工作能够锻炼自己，并且能够为保研加分，而且兴趣社团都是我喜欢的。当我上完课、忙完各种事回到宿舍后，只想打开电脑玩游戏，根本不想写作业，更不想复习。

复述关键词语：________________________________

复述话语：________________________________

比喻式复述：________________________________

指导性复述：________________________________

第五章

共情技术

一、共情的概念

共情是指助人者对受助者内心世界的理解及体验，是深度辅导中最重要的技术和态度，也是探索阶段的最主要技术之一。

共情的英文是 empathy，也有人翻译为共感、移情、同理心、神入。

罗杰斯是这样谈论共情的，“感觉当事人的个人世界，就仿佛是你自己的，但是却不丧失仿佛的性质，这就是共情，而它对于治疗师是不可缺少的，感受当事人的愤怒、恐惧或困惑，就仿佛它是你自己的，但你自己却不感到愤怒、恐惧或困惑，这就是我们想要描述的情形。”①

这个解释里面有三层含义：

（1）助人者从当事人（受助者）的角度来看待其经历的事情。

当事人在成长过程中所形成的知觉、记忆、认知、知识、信念、意义、爱好等，是完全主观的，只有当事人自己知道，但是我们可以通过共情进入当事人的内在世界，了解当事人的内心。如果用更通俗的语言来描述，就是设身处地、感同身受。

（2）助人者的意识是清醒的，并不会陷入当事人的情绪当中。

助人者能够进入当事人的感情世界，但同时能够对这种状态进行清晰的觉

① 江光荣．人性的迷失与复归：罗杰斯的人本心理学．武汉：湖北教育出版社，1999：118.

察，而不会陷入其中，这样才能保证助人者有可能去帮助处于痛苦或困惑中的当事人。

（3）共情的重点是情绪和感受。

情绪和感受是一个人日常生活经验中的重要部分，它反映了个体和外部世界的关系以及个体的需求是否得到满足，而共情可以帮助个体重新体验被自己压抑、否定或者扭曲的情感体验，从而更接近自己的内心。

例如：一个学生向辅导员抱怨：学校奖学金的评选太不公平。自己担任班干部，为同学们做了很多班级工作，占用了自己大量的时间，影响了自己的学习成绩，没有获评奖学金。而有些同学很自私，从来都不参加班级活动，只顾自己的学习，最后却获得一等奖学金。

看看下面不同的回应：

辅导员 1：学生太多，学校采用学习成绩为主的方法也肯定是经过好多次讨论决定的，学习成绩是相对公平的一种评选标准。

辅导员 2：大学里面学习最重要，你却把很多时间用在工作上，影响了你的学习，你没有获得奖学金很正常。

辅导员 3：你不要太难过，世界本来就是不公平的，有些事情不是我们能够改变的。

辅导员 4：下学期你最好减少一些班级工作量，把更多的时间用在学习上。

辅导员 5：你认为学校的奖学金评选制度不合理，你自己对工作付出了那么多，却没有得到该有的认可，你觉得很失望。

这样的回应在辅导员和学生谈话中经常出现，你觉得哪一个最恰当呢？实际上很难说对和错，但是在辅导刚开始，辅导员的回应就需要更谨慎，回应的目的是促进和加强自己和学生之间的关系联盟，让学生感到被理解、支持和信任。

辅导员 1 的回应是站在学校的立场，完全没有将心比心，没有考虑学生的感受。

辅导员 2 的回应是在批评学生，让学生有受挫、被打击的感觉。

辅导员 3 的回应是在安慰学生，安慰常常是我们对学生的情绪有些不耐烦时采用的方法，所以安慰并未解决学生压抑的情绪。

辅导员 4 的回应是在提建议，在学生的情绪还没有处理以前，提建议既是不恰当也是无效的。

只有辅导员 5 的回应是共情反应，站在学生的立场去体会学生的感受，并表达给学生，这样就能让学生信任辅导员，愿意继续讲下去。

二、功能与作用

共情技术在辅导过程中发挥着重要作用，有时像黏合剂，有时像催化剂，具体来说有以下几个方面的作用。

（一）促进学生和辅导员之间的关系

深度辅导过程中第一阶段的目标之一就是建立良好的助人关系。当一个学生来找辅导员，如何让对方信任你，愿意分享自己的痛苦和遇到的困难，主要取决于你们彼此的关系，共情则对良好关系的形成发挥着重要的作用。当学生的烦恼、痛苦或困惑得到辅导员的理解时，学生就会感到温暖，和辅导员的心理距离自然拉近，就会愿意把自己的心里话告诉辅导员，并愿意接受辅导员的帮助。

例如：学生获悉妈妈刚刚去世。在访谈的屋子里，学生坐在椅子上保持沉默。

辅导员：妈妈走了，心里一定会很痛，从此，再也见不到妈妈了。（学生开始掉眼泪）

辅导员：我看到你一直很坚强，一直在默默坚强承受。妈妈不在了，心里的痛苦，在老师面前，不用强忍着，如果你想哭，可以大声地哭出来。

学生开始放声痛哭。辅导员把手搭在学生的肩膀上，学生哭着哭着就完全把头部靠在辅导员的肩膀上。

从这个例子可以看到，辅导员通过共情化解了学生的硬壳，增进了学生的信任，释放了学生压抑的情绪。

（二）促进学生进一步的自我探索

在深度辅导的过程中，辅导员常常遇到的困难是，刚谈几句就没什么可谈的了，最后变成辅导员一个人的讲话。这说明辅导员还没有掌握共情技术，好的共情好像在谈话的过程中挖出一道沟渠，学生会顺着沟渠自然而然进行分享，让辅导过程变得更加流畅。这种分享在辅导员的协助下也可以成为学生对自己的一种探索。

例如：学生在谈话的过程中语速有些快，还结巴了几次。

辅导员： 我看你说话飞快，还结巴了几次，是不是在老师面前感觉有些紧张？

学生： 是的，和老师谈话我的心跳都会加速，担心自己说错话。

辅导员： 能多说说你的担心吗？

学生： 我是从边远的农村考到大城市，最怕别人瞧不起我，说我没见识，老师你是我最看重的人，我担心说错话以后就被老师瞧不起。

辅导员： 听起来你很在意别人对你的看法，尤其是老师。

学生：（停了一下，思考……）是的，我是觉得自己在知识和见识方面都不如别人，但我会努力改变的，我绝不能让别人瞧不起我。

辅导员： 总担心别人会看不起你。

上面这一段对话，辅导员仅仅通过共情就让学生能够很自然地分享，进而探索自己的紧张、担心和自卑等。

（三）降低学生的孤独感

吉拉德·伊根说，在助人过程中，得到理解对当事人的帮助最大。① 共情可以传递助人者对当事人的理解，这在助人过程中发挥着巨大的作用。一个人出现心理问题时，很大一部分原因是在现实生活中感到不被理解，有孤独的感觉。大学生也是一样，当学生去找辅导员的时候，往往是在现实中找不到人倾诉，而共情则可以化解学生的孤独感，让其感到被支持和理解，自然会产生温暖、愉悦和满足的感觉。所以对于一些希望得到理解的学生来说，仅仅给予共情就已经有了很好的帮助效果。

例如：一个刚上大一的学生来找辅导员。

学生： 我觉得自己好差劲啊，老师上课时，我努力地想跟上老师的节奏，但还是有好多听不懂的。第一次高数月考，我竟然没及格，我都没脸和家人说，高中的时候我可是班级前三名。

辅导员： 听起来你好像上大学后不太适应老师的教学方式，所以月考没及格，这让你觉得很丢脸。

---

① ［美］吉拉德·伊根．高明的心理助人者：处理问题并发展机会的助人途径（第八版）．郑维廉，译．上海：上海教育出版社，2008：118.

学生：是啊，我都不好意思和别人说，尤其是家人和高中的同学，丢死人了。大学的同学我又不是很熟悉，我只能自己在心里面难受，难受的时候更是没心思学习。

辅导员：这次考试没及格对你打击很大，心情糟糕却又没有可以分享的朋友，而这种糟糕的心情又让你无法专注学习。

学生：是啊，我的心情越来越差劲，我现在都不知道该怎么办。

辅导员：要是我遇到这样的情况，我也会和你的心情一样难受，也会一样着急。

学生：跟您一说，我好像有些释然了，好像感觉没那么难受和着急了。

（四）处理学生的情绪

情绪既是一个人的体验感受，也是一种能量。当一个人处在强烈的情绪状态当中时，认知就会非常偏狭。情绪就好像恶劣天气中的风雨云雾，在这样的天气中个体就看不清客观世界，甚至做出过于极端的行为。而共情则可以帮助当事人觉察和接纳自己的情绪，让情绪得到缓减。

例如：一个学生怒气冲冲去找辅导员。

学生：气死我了，我想揍那个小子，他竟然和我的女朋友私下约会，我可是把他当作最好的哥们儿。

辅导员：你觉得好朋友背叛了你，你非常气愤。

学生：是的，我还常常和他讲自己和女朋友的事情，真没想到他是这样子的人，我也很难过。

辅导员：你那么信任他，还把自己私密的事情都分享给他，他却背叛了你，你觉得自己受到了伤害。

学生：是的（眼睛里出现了泪水）。

辅导员：那真是又让人气愤，又让人难过。你可以更详细地谈谈你们之间发生的事情吗？

学生：可以。

（五）促进对方对自己的接纳

情绪是我们自己体验的一部分，但在我们的文化或家庭规则里常常不允许我们出现情绪，比如“不能生气”“不准哭”，这就导致我们远离自己的内在体验，不能接纳自己。而共情会让我们重新去感受和体验自己的情绪，从而促进我们接纳自己。下边这个例子中学生觉得在别人面前哭很丢人，辅导员接纳了学生的哭，当然这个过程中同时也在处理学生的情绪。

例如：一个学生在谈话的过程中突然流下了眼泪。

学生：对不起，我实在控制不住。（一边用手擦眼泪）

辅导员：我知道你很难过，干嘛总压抑自己，想哭就哭出来吧。

学生的情绪突然像洪水冲破了闸门，放声大哭。

三、适用时机

尽管共情在任何阶段都会被辅导员使用，但在不同的阶段和时间使用的频率和形式是不同的。

（一）在深度辅导初期

共情按反映的深度分为初层次共情和高层次共情，这在后文共情技术部分会详细讲解。深度辅导初期，辅导员须尽量使用初层次共情技术，以帮助自己与学生建立良好关系。即使辅导员已先一步看到学生问题的症结，或是觉察到学生的逃避、隐瞒行为，仍尽量使用初层次共情技术。

深度辅导初期属于探索阶段，共情的方式会更温和、谨慎，很多时候是试探性的，避免学生有一种被强制定义的感觉。

（二）在深度辅导的中后期

深度辅导的中后期，重点放在协助学生对问题的领悟以及促进学生的行动上，通常以高层次共情技术为主。但是，有时候为了配合学生的状况，也可以使用初层次共情技术。

（三）当学生情绪非常强烈的时候

有的时候，接受深度辅导的学生情绪非常强烈，辅导员会更多地采用共情的技术，帮助学生处理情绪，当情绪缓解后，再进一步帮助学生去处理现实问题。

例如：如果一个学生因为考试没及格大哭着来找你，这时候和学生谈如何好好复习通过补考是没有意义的。辅导员先去处理学生的强烈情绪，试着理解学生的难过，也许还有自责等复杂的情绪，等情绪稳定后，再和学生探讨现实中面临的问题。

四、理论依据

共情技术的理论依据是当事人中心理论。当事人中心理论认为，在助人工作中，能够使一个人改变的必要和充分条件是无条件积极关注、共情同感、真诚一致，只要助人者做到了这三个要素，当事人就能够发生变化。共情是其中重要的一个要素。

在以人为中心疗法中，共情被看作是理解他人的一种能力、一种想要了解他人的态度，也是一种反应，用来交流相互的理解，使来访者可以澄清、加工并了解他们的体验。①

共情也是助人者用来与他人沟通、了解他人世界观与现实的首要工具。共情中助人者使用想象能力与推理能力，以了解另一个人目前的生活处境和情境。

有人认为，共情是一个过程，是一个与当事人同甘共苦的过程，治疗师通过共情陪伴当事人一起走在“成长的旅程中”。②

在深度辅导中，辅导员通过共情陪伴学生一起走在成长的旅程中。

五、具体技术

（一）按共情的方式分类

依据共情的方式不同，共情可分为复述式共情、探索式共情、自我暴露式共情、关注身体式共情、比喻式共情、肯定式共情、沉默式共情等。

---

① ［美］大卫·凯恩．以人为中心心理治疗．高剑婷，郭本禹，译．合肥：安徽人民出版社，2012：25–26.

② 牛勇．人本主义疗法．北京：开明出版社，2012：51.

1. 复述式共情

这是经典的以人为中心疗法采用的主要技术之一，辅导员对学生在深度辅导过程中刚刚表现出的情绪或感受进行复述，同时可以陈述出导致这一情绪或感受的原因。

复述式共情看起来简单，听上去好像只是一个回应或回声，却能够像镜子一样准确反映出学生的情感、想法和话语想表达的意思；其产生的效果就是“紧贴着当事人走”，既不超前，也不落下来，和当事人保持同一节奏。

复述式共情最常用的句式有两个，在对这一技术不太熟悉的时候，可以练习这两个句式。

……你觉得……

例如：

……，你觉得好难过。

……，你觉得好委屈。

你觉得……，因为……

例如：

你觉得好难过，因为最疼你的爷爷去世了。

你觉得好委屈，因为老师误解了你。

复述式共情不能总是采用同一种句式，否则会让学生觉得枯燥厌烦，会觉得辅导员虚假，所以需要变换不同的表达方式，这些替换句式有：

我想知道你是否觉得……

也许你感到……

你听起来（或看起来）好像……

如果我是你，我可能会觉得……

从你刚才的（非言语行为），我猜想你可能觉得……

听起来你感到……

也许你觉得……

所以你觉得……

那让你感到……

我听到你说你觉得……

我的直觉是，你感到……

例如：

从你刚才讲的故事里，我觉得你的生活好艰难。

我的直觉是，你对宿舍同学极其不满。

我看你手握得很紧，我猜想你可能感觉很紧张。

2. 探索式共情

探索式共情采用假设或询问的语气来表达共情，常常采用开放式提问，其优点是能鼓励学生进一步分享表达，并把情绪探索的主动权交给学生，促进学生愿意为自己承担责任。

下面是一些常用的探索式共情的句式，主要的特点是用询问、猜测、试探的语气。

你看起来感觉……，是不是……？

我想知道你对……感受。

我猜想你可能觉得……

我想你是不是有……感觉？

你觉得……怎么样？

可不可以跟我讲讲你的……

能不能多谈谈你的……

例如：

我想知道你对她没有接受你的邀请的感受是什么？

我猜想你心里面恨死那个追你女朋友的男孩，是吗？

能多谈谈你的内疚吗？

3. 自我暴露式共情

自我暴露式共情是指辅导员呈现自己与学生在相似情境下的个人体验，让学生觉得自己并不孤独。自我暴露式共情适用于那些不能表达自己情绪的人或者特别羞耻、难于启齿的感受。

自我暴露式共情的最大优点就是可以降低学生的羞耻感。很多时候学生认为只有自己是那样糟糕，为自己是这个样子感到耻辱，所以不想让别人知道自己的真实情况，逐渐与外界疏离。辅导员作为助人过程中的更为权威一方，承认自己也有过类似的体验，对学生会有非常大的支持，让学生不再觉得自己是个异类，进而卸下所背负的心理压力。这种技术采用的是心理治疗中的普遍性原则，即将学生的情绪普遍化，会缓减学生的情绪压力，在团体中这一原则经常被使用。

自我暴露式共情的内容既可以是辅导员自己的真实经验，也可以是假设，还可以是对此时此地的感受。

例如：

如果被别人那样拒绝时，我也会很难受（假设）。

我在刚上大学的时候，也是很迷茫，不知道自己要干什么（真实经验）。

当你一直在讲一些琐碎的事情时，我会有些跑神（此时此地）。

4. 关注身体式共情

有些情绪会被压抑进入学生的潜意识，但会通过身体表达出来，对于一些很难表达情绪的人，可以通过关注其身体来间接地探索情绪。

比如某个学生刚见到辅导员，身体坐得笔直，一动不动，辅导员可以进行关注身体式的共情：

辅导员：我看到你的背部挺得很直，是不是有些紧张？

学生：我不太清楚。

辅导员：可以问问你的背部想要告诉你什么？

学生：可能是紧张吧，每次和老师在一起我就会紧张。

5. 比喻式共情

比喻是一种打比方的修辞方式，用某些有类似特点的事物来比拟想要说的某一事物。比喻式共情就是用学生更熟悉的事物描述他目前的处境。比喻式共情有两个优点：第一，比喻式共情形象生动，学生更容易理解，从而减少辅导工作中的阻力；第二，比喻不像一般的直接陈述语句有限制，具有很大的想象空间，可以推动学生对自己进行更多的探索。所以很多辅导员都喜欢采用比喻式共情。

例如：

辅导员1：听起来你好像正在一个充满风雨的黑夜中行走。

辅导员2：感觉你的胸中好像堵着一块石头一样。

6. 肯定式共情

肯定式共情就是在确认性回应的语言中加入“的确”“就是”“真的”等强调性词语，加重确认的语气。对于那些对自己缺乏信心的学生，或者辅导员对学生已经有了一定的了解，学生也对自己有了进一步了解，但学生还表现得很犹豫的时候，肯定式共情反应会达到较好的效果。辅导员对学生的体验或自我感觉给予确认，有助于学生向前推进。

例如：

学生：我真的特别爱我的女朋友，每天早上6：30我都去宿舍楼下叫她吃饭，每天晚上 10：30 送她回宿舍，大小节日和生日我都会给她祝福并送她礼物，你说我还不够爱她吗？

辅导员：你确实非常爱你女朋友。

7. 沉默式共情

有时候，学生正处在强烈的情绪当中或者正在思考，辅导员不说话，默默地陪着学生，也是一种共情，表达对学生的理解、允许和陪伴。

例如：成文的妈妈刚刚过世，成文在访谈室里泣不成声。辅导员默默地陪伴在他的旁边，温和地关注着他，轻轻地拍着他的肩膀……5 分钟过后，成文慢慢停了下来。

这个例子中，辅导员什么都没说，只是通过默默的陪伴、温柔的关注、轻柔而坚定的拍打，传递给了学生最大的共情与支持。

（二）按共情的深度分类

按照共情深度分类，可以分为初层次共情和高层次共情。初层次共情指辅导员只是对学生明显表现出的感觉、想法和行为进行反应；高层次共情指辅导员对学生叙述中隐含的甚至自己都不清楚的部分进行反应。

初层次共情适用于深度辅导的初期阶段，辅导员与学生之间还没有建立起熟悉和信任的关系，所以通过初层次的共情建立关系，鼓励学生多谈论自己，收集更多的信息。在辅导的中后期阶段，虽然也会采用初层次共情，但辅导的重点放在协助学生探讨问题的根源，辅导员会更多地使用高层次共情，并结合使用自我暴露、解释等技术，帮助学生对自己的问题有新的领悟。

在深度辅导的实践过程中，我们采用戴夫 · 默恩斯和布赖恩 · 索恩的四等级共感量表①，根据辅导员共情反应的准确性和深度把共情分为四个水平：

（1）水平一：辅导员并未理解学生所表达的感受，只是对自己的主观猜测进行表达，可能只是一种评论或判断性的反应，这种反应可能是伤害性、拒绝性或建议性的。辅导员只是站在自己的立场或角度去看待学生，并没有真正地关心学生。

（2）水平二：辅导员仅仅进行了字面信息的回应，或只对部分感受进行了

① ［英］戴夫 · 默恩斯，布赖恩 · 索恩．以人为中心心理咨询实践．刘毅，译．重庆：重庆大学出版社，2010：86-57.

回应，漏掉了学生的其他体验。辅导员只是部分地站在学生的立场去理解学生。

（3）水平三：辅导员理解了学生的感受和想法，并能够给予准确的反应。辅导员完全站在学生的立场，表达出对学生的关心。

（4）水平四：辅导员不但表达了对学生表层的感受和反应的理解，而且表达了对学生潜在感受的理解，包括这些经验对学生的意义以及深层次的期待和渴望。

四个水平的共情层次中，第三个水平相当于初级共情，第四个水平则是高级共情。对共情水平更细致地划分，可以帮助我们评估共情的准确性和深度。

例如：一名学生喜欢上了自己的老师，而老师已经结婚。学生说："我喜欢上我的老师，我想嫁给他，但又知道不可能。"

反应1：你怎么能喜欢上自己的老师呢？

反应2：你喜欢上自己的老师了，但你其实不可能和他在一起，不过天下的男孩很多，你一定可以找到你真正喜欢的男孩。

反应3：你喜欢上了自己的老师，但又知道你们彼此是不可能的，你的内心好纠结。

反应4：我知道如果一个学生喜欢上一个已经结婚的老师，未来很难真正在一起，那真是令人纠结，我想你也许真正想找一位能够让你喜欢并信赖的人在一起。

辅导员要避免第一层次的反应，但也不要过早地采用第四层次的反应。当助人关系还没有很牢固的时候，学生会防御那些自己还没有意识到的部分。而且辅导员在刚开始的时候对学生的问题还不是很了解，深层次的反应很可能会是错误的。第四层次的反应最好在领悟阶段使用。在探索阶段，辅导员的情感反映介于第二和第三层次就可以。当辅导员的反应不够特别精确的时候，也没有关系，反而有助于学生自己去探索，重要的是让学生感受到辅导员对他或她的关注、关心、理解。

（三）正确理解和使用共情技术

1. 共情技术不是单独分离的一项技术，必须和关注倾听技术一起才能发挥最大的效能

比如辅导员在共情谈话的学生时，要面向学生，目光有交流，同时也要用心

倾听、关注学生的言语和非言语行为所传递的信息，才能更好地体验到学生的情绪。

2. 共情不是直接的指导、引导、评价、判断

指导、引导、评价和判断都是站在辅导员的立场和角度，这和共情是不同的，共情是站在学生的立场和角度。

例如：

学生：我是班长，平时老师布置的工作很多。每天晚上，大家都睡了，我还要处理一些杂事或者补作业，宿舍的同学对我很不满，说我影响他们睡觉。

辅导员1：你有没有想过是自己在和同学的关系上出了问题，你需要抽出一些时间和同学多交流。

辅导员2：作为班长，你真的不应该影响宿舍同学休息。

辅导员1就是在引导和指导学生，辅导员2在批评学生，就像是一个成人在教育孩子，这会让学生产生抵触，不愿意继续讲下去。

正确的共情是：

辅导员3：你觉得有些委屈。因为你为班级做了很多事情，宿舍却没有同学支持和理解你，还抱怨你睡得晚。

3. 共情的目的并不是为了让学生表现得积极乐观

共情是对学生体验的理解和支持，而不是要让学生表现得积极乐观。

例如：

学生：我讨厌妈妈，总是这也不允许我做，那也不允许我做，我一点独立的选择都没有。

辅导员：不能那么说，妈妈是因为太关心你才那样做的，你应该对妈妈的付出多一些感激。

这个辅导员就是典型的不允许学生表达负面感受的代表，只允许表达积极正向的感受、不允许表达消极负向的感受，实际上反映的是辅导员自己的价值观，对学生没有任何帮助。

正确的共情是：

辅导员：感觉到你和妈妈在一起有一些压抑，你对妈妈这样子对待你有一些不满，你希望妈妈能多给你一些自由空间。

4. 非言语的共情也是非常重要的

所谓非言语的共情是指辅导员的非言语行为要与学生的非言语行为保持一

致，在身体姿势、表情、语调等方面要与当事人协调。

例如，学生叙述了一件让自己非常难过的事情，那么辅导员就不能仍然保持微笑，用轻快的语调回应当事人说："这真是令人难过。"这是虚假的共情。

5. 共情是多维度的

当某种情感被表达和体验后，就会出现新的情绪感受。辅导员对新出现的情绪要继续给予反应和陪伴，而不要以为只要处理一种情绪后就大功告成。

例如：

学生：我恨爸爸，我刚出生，爸爸就离家出走，只留下妈妈和我，这么多年全靠妈妈一个人打工养活我。

辅导员：你对爸爸感到非常愤怒，爸爸这么多年没有尽到做父亲的义务。

学生：有时我也会很难过，我看到别人有爸爸陪着一起玩，有说有笑，我好羡慕。

辅导员：看到别人有爸爸在一起，你会感到孤单和难过，你内心也渴望自己有个爸爸在旁边陪你。

学生：是啊（眼睛湿润）。

这个学生先是愤怒，然后感到孤单和难过，这些情绪都属于同一个人，辅导员在访谈过程中不能漏掉任何一个。

6. 各种共情技术可以结合使用

例如：

辅导员：你听起来很生气。

学生：（有些犹豫）但实际上我并不愿生气，只是她太过分了。

辅导员：碰到这样的事情我也会生气。

学生：哦。

辅导员：能不能多谈谈那件事给你带来的生气以及其他的感觉？

这个例子中采用了复述式共情、自我暴露式共情和探索式共情。复述式共情可以帮助当事人进入情感，自我暴露式共情可以降低当事人对情感的防御，探索式共情则可以鼓励当事人深入探索自己的情绪和感受。

六、注意事项

黄惠惠在《助人历程与技巧》中提到，共情应注意以下方面[①]：

（一）避免假装了解

辅导员虽然在专注倾听，但有时仍然会对学生的讲述困惑不解，或者辅导员因其他因素分心没太听清或理解学生讲述的内容，此时不能假装了解，而应该真诚地表示："对不起，我有点没太听清，能否请你再说一遍？"或者用试探性语气来反应："你好像是说……吗？""你的意思是不是……呢？"

（二）避免鹦鹉学舌式的模仿

共情不是鹦鹉学舌式的一字一句的模仿，而是先找出学生表达的重点，再用自己的话语正确反映或叙述。

（三）避免学生漫谈

有时学生会无方向、无头绪地漫谈，或者对同一性质、同一层次的问题反复讲述，这时如果辅导员还在不断地以点头或其他支持赞许的行为来反应的话，会助长学生继续漫谈。此时，辅导员应该给学生适当的共情和回应，防止学生漫谈，促进会谈的深度。

（四）避免滞留在初级共情阶段

有些辅导员喜欢停留在初级共情阶段，因为在此时期双方关系不错，辅导员感觉压力不大，气氛融洽，不想往前探索。此时辅导员常会鼓励学生对自己的问题做过分细琐的探索，这对问题的解决没有太大的意义和帮助。

（五）避免反应过早过快

有时，辅导员刚听完学生讲述了某些方面的问题，就急于对学生讲述的问题

① 黄惠惠．助人历程与技巧．成都：四川大学出版社，2006：59-63.

做出反应，这样容易停留在问题表面，抓不住重点和核心，甚至产生偏差。或者，有的辅导员刚听学生讲了某些问题表现，就习惯性地给学生的问题下结论或贴标签。

（六）避免以问题代替共情

有些经验偏少的或刚入职的辅导员在与学生深度辅导时会担心会谈不顺畅，怕冷场，产生焦虑和担心，也有的辅导员与学生年龄相近，为了维持自己的权威形象，他们常常会问很多的问题，以显示自己对整个过程的控制力。他们以一个问题接着一个问题来代替共情，而且常问封闭式的问题。这样就会导致学生陷入被动回答的境地。

（七）注意用语层次与学生的背景配合

深度辅导时辅导员要注意学生的成长背景存在差异，在表达共情时，需要注意学生的背景状况，如生源地、民族状况、成长经历、家庭经济状况等，要用学生能了解、接受的词语来表达。

七、练习

练习1:共情反应练习

阅读下列情境，以初层次共情进行反应。

（1）请用“你觉得……（情绪词语）……，因为……（内容简述）”句式给予反应。

（2）用平常比较自然的方式和口吻将了解体会到的感觉与内容进行表达。

情境一

学生：我所在的社团马上要进行换选。社团工作太花费时间，我想退出，专心学习，但又有些舍不得。因为自己在这个部门已经工作了整整一年，如果自己继续干下去，就是副部长，如果走了，以前的辛苦就都白费了。

辅导员的反应：

（1）你觉得比较纠结，因为既想腾出更多时间用于学习又不想放弃社会能力的发展。

(2) 你既想腾出更多的时间专心学习，又想社会能力得到更好的发展，比较纠结。

情境二

学生：我和一个男生谈恋爱快一个学年了，突然在微信的朋友圈中发现男生在高中还有个女朋友，而且他们用的还是情侣装封面照，男生却告诉我从来都没有谈过恋爱，我有一种被欺骗的感觉。

辅导员的反应：

(1) ____________________

(2) ____________________

情境三

学生：疫情期间只能在家进行网络学习，父母却一直认为自己上网课就是不好好学习，督促课下进行复习，而且只要玩一会儿就会被认为玩了一天。

辅导员的反应：

(1) ____________________

(2) ____________________

情境四

学生：我们社团有 8 个人，但部长每次都找我干活，业余时间都忙着社团的工作，每天晚上都睡得很晚，已经影响到我的学习，其他人却很闲，没什么事情干。

辅导员的反应：

(1) ____________________

(2) ____________________

情境五

学生：我是班长，平时班里秩序很混乱，老师怪我不负责，要我把不守规矩的同学报告给他，可是那些同学被老师批评后，都骂我多管闲事、马屁精。我究竟该怎么做才好？

辅导员的反应：

(1) ____________________

(2) ____________________

情境六

学生：我认识了一个外校的男生，我很喜欢他。可是每次我给他发信息，他都很长时间不回，即使回信息，也是很短的一个词，我觉得他一点都不喜欢我。

辅导员的反应：

（1）______________________________

（2）______________________________

练习2:秘密大会串

（1）在一个安静的空间里，受训的辅导员围成一圈坐好。讲师（或助手）发给每位成员一张A4纸和一支彩笔。

（2）每位成员在纸上以不记名方式写下自己的一个秘密，折叠后交到讲师（或助手）的小桶里。成员写秘密时请注意：所谓的秘密是指在这个团体中尚无人知道，且愿意写出来分享给大家的。要以严肃的态度来写，不可写开玩笑的事件。

（3）讲师（或助手）把大家的“秘密”充分混合。团体成员每人抽取一张别人的秘密。

（4）成员轮流报告自己抽到的秘密内容，并设身处地以下面的句式分享：假如是我，我会感到……。注意：每人分享时只做共鸣性的沟通，不必给对方建议或讨论内容疑点。

（5）如果时间允许，可重新再做一次（每人写下另一个秘密或另一个目前的困扰)。

练习3:共情技术练习

（1）利用角色扮演来练习共情技术。

（2）团体围成一个大圈，选出三人完成角色扮演。一人扮演辅导员，一人扮演学生，一人扮演观察员。学生分享自己近期的一段经历或故事，辅导员根据现场情况运用共情技术完成一段深度辅导的工作过程。观察员认真观察辅导员深度辅导的工作过程。

（3）学生和辅导员分别分享刚才的过程，自己的体会和感受，以及对所完成的辅导工作历程的觉察。学生分享自己体验到的辅导过程，以及对深度辅导过程的感受。辅导员着重分享自己是如何与学生进行深度辅导工作的，采用了什么样的助人技术，是如何对学生进行共情的，有什么样的感受和思考。观察员报告自己的观察，包括辅导员的工作过程、使用的技术等。其他围观的成员也可以表达自己的观察和思考。

（4）此练习也可以三人一组来进行，过程同步骤 2 和步骤 3，之后在三人小组内分享。

（5）条件允许的话可以提前录像，通过回放录像分析演练的过程，增强学习效果。

第六章

提问技术

一、提问技术的概念

提问指辅导员为了鼓励学生有更多的表达，或为了更全面地了解学生、收集信息，向学生提出相关问题的过程。

在具体深度辅导谈话中，提问一般被分为两种类型①：

（一）开放式提问

以“什么”“怎样”等形式开头的问题，这些问题无法用简单的“是”或“否”来回答。在谈话中使用开放式提问可以促进学生表达。

例如：

你能跟我讲一讲最近都发生了什么吗？

你是怎样做的？

在谈话刚刚开始时，多用开放式问题能够给学生充分的表达自由。

（二）封闭式提问

用几个词语或句子就能够回答的问题。

这类问题通常以“是……吗？”“会不会……”“有没有……”等形式出现，

① ［美］艾伦·艾维．心理咨询的技巧和策略——意向性会谈和咨询．时志宏，高秀苹，译．上海：上海社会科学院出版社，2015.

或者含有“谁”“什么时候”“哪里”等词汇。这类问题能够使谈话聚焦，并把学生的回答引向一个相对具体的答案。

与开放式问题不同，封闭式问题往往带有提问者自己的假设。

二、功能与作用

在深度辅导中，提问是一种非常灵活的面谈工具，它能够帮助辅导员明确并澄清问题、收集信息、促进谈话的进程，也能够帮助学生进行自我探索并引发学生进一步思考。在深度辅导中，开放式问题和封闭式问题的作用有所不同。

（一）开放式问题的作用

1. 有助于建立关系

开放式问题在谈话中推动自由讨论，能够为学生留下足够的谈话空间。开放式问题往往是非指导性的，使学生放下防御和戒备，愿意表达自己的想法。辅导员多使用开放式问题能够向学生传递尊重、关心、好奇，有助于师生之间建立良好的关系，并促进谈话展开。

2. 有助于进一步收集信息

深度辅导开始时，辅导员需要尽可能多地从学生那里了解信息，这时开放式问题非常有用。通过询问开放式问题，辅导员可以引导谈话的方向，并推动谈话进程。通过学生的回答，辅导员可以了解详细的事件经过，了解学生的感受和想法。另外，通过开放式问题收集到的各种资料，能够帮助辅导员理清思路，评估学生的困难程度和需要哪些帮助。

3. 有助于引发学生思考

开放式问题能够鼓励学生以更宽广的视角思考目前面临的困境，为问题解决寻找新的资源或途径。例如，辅导员在开放式问题中询问学生目前拥有的力量、资源、优点、来自他人的支持等内容，能够启发学生从更加积极的视角思考问题。

（二）封闭式问题的作用

1. 有助于澄清辅导员的假设

在深度辅导中，辅导员往往会根据以往对学生的了解、自己观察到的事实和自己了解到的信息，甚至自己的刻板印象等形成对谈话的预期。然而，这些预期有时是不准确的，甚至会造成谈话双方的误解。辅导员可以利用封闭式问题向学生核实自己的理解是否准确，如“你说的是这个意思吗”“我可以这样理解吗”“结果是这样的吗”。辅导员也要认真倾听学生对上述问题的回答，及时修正自己的看法，从而获得对问题更加全面和准确的理解。

2. 有助于挑战学生的一些不适应的信念

有时，学生需要自己做出一些改变，才能解决目前遇到的问题和困境。封闭式问题能够挑战学生的一些不适应的观念、态度、应对措施，引发学生更加深入的反思，并促使学生做出改变。但使用封闭式问题挑战学生时需要注意，只有在辅导员和学生建立起良好的、信任的关系时，挑战才能够起作用，否则会让学生产生逆反心理，认为辅导员是在教育和批评自己，从而拒绝思考辅导员提出的问题。

三、适用时机

（一）开放式问题的适用时机

1. 用于开始谈话时

在谈话刚开始时，辅导员可以先问学生一到两个问题，然后考虑接下来可以谈论哪个具体的话题。特别是当遇到比较困惑、不知道要谈什么的学生时，辅导员可以基于以往对该生的了解，询问一些学生可能感兴趣的话题，从而开始谈话。当学生感到舒服和放松的时候，辅导员可以通过提问将谈话转移到双方都关注的问题上。

2. 用于学生详细讲述故事时

很多学生在刚开始谈话时提及的内容都比较笼统和空泛，这时需要辅导员邀请学生提供一些更具体的细节，用来丰富谈话内容，使谈话内容落在实处，而不是空泛地“谈天说地”。例如，当学生说“最近心情比较低落”时，辅导员可以回应说“人人都有心情低落的时候，只要坚持就能挺过去的”，或者也可以简单地提问“发生什么事情了吗”。在第一种情境下，如果跟学生讨论“人生的不顺”这一模糊和宽泛的问题似乎不能带给学生实质性的帮助，并且会让学生感到不被理解。当讨论的话题过于抽象时，对谈话双方意义不大。而后一种提问能够将问题具体化，针对具体的事情进行讨论，能够为理解学生、找出问题的解决办法提供基础。

3. 用于开启一个新话题或转换话题时

在深度辅导的一次会谈中，可能学生带来的问题或者需要讨论的话题不止一个。当辅导员和学生双方都认为已经对目前这一话题进行了足够深入的讨论时，辅导员可以通过提问来转换话题，引出新的话题或谈话方向。例如“对于这件事，咱们还有什么没有谈到的吗”“你还期望咱们今天聊哪个话题”，通过提问开放式问题，辅导员可以将话题转换到双方都感兴趣的其他问题上。

4. 当遇到不愿意说话的学生时

有些学生参加深度辅导时并不情愿，或者是被要求前来的，或者来自不同的民族和生活环境，或者学生本人比较内向，这类学生不愿意跟辅导员深入交流。这时，辅导员的首要任务是建立信任的关系，因此保持接纳、开放的态度非常重要。在这类情境下，辅导员需要多问开放式问题，例如询问学生的生活近况，“最近你都遇到了哪些事情?”或者询问学生对当前谈话的感受，“我想知道当我们在这里讨论问题时，你对我的感觉怎么样”。辅导员需要从学生最容易回答的问题开始交谈。

当学生的话比较少时，辅导员可以用提问技术来帮助学生谈论他们的故事。辅导员可以平衡地使用开放式和封闭式问题来引出一些零碎的信息，从而弄清楚学生的问题、想法和情感。在这里，提问的语言要简洁、直接和具体。

5. 用于帮助辅导员引入一些干预手段时

提问能够引发被问者的思考。一些心理咨询流派，特别是后现代主义流派（例如建构主义和焦点解决流派），完全依靠提问的方式进行干预。这些提问技术可以用到深度辅导中，在辅导员收集完信息、澄清事件后，可以通过提问的方式引导学生进行一些健康、有效的思考。

这类问题有一个共同点，即帮助学生关注生活中积极的、有希望的、建设性的部分。这些问题能够将学生引向积极的想法、感受和行为，促使学生发现来自自己或他人的资源，并且促使学生在生活中尝试改变。在这一过程中，辅导员可以针对学生曾经尝试过的有效办法，或学生对自己未来生活的期望展开提问。

（二）封闭式问题的适用时机

1. 当需要澄清具体的信息和细节时

封闭式问题常常含有“是不是”“有没有”之类的词汇，这种问题在辅导员想获得具体的信息时很有用，有助于辅导员思考并对比自己的理解与事实的差异。当辅导员已经采用开放式问题获得了不少信息时，接下来可以采用封闭式问题来补充一些信息，获得简短、准确的回答，从而节省时间。

2. 当学生的话过多时

有时，学生急于向辅导员表达自己的观点或态度，或者过于健谈时，采用封闭式问题能够起到限制学生表达的作用，它可以减少或控制学生的谈话内容，并将话题引向某一个具体的方面。

3. 当需要对学生固有理念进行挑战或面质时

很多学生遇到的问题看上去像个“困境”，需要学生自己在心理或行为上做出一定的调整或改变。这类困境主要包括：（1）内部困境，产生于学生内心的冲突。例如很难做出一个重要的决定，对过去经历的后悔，对未来的焦虑，持续不断的自我批评和自我否定等。（2）外部困境，主要是与他人的冲突或矛盾、困难情境等。例如应对失败、与重要他人（父母、室友等）的冲突等。摆脱这些困境，离不开学生自己的努力和改变，但学生往往无法认识到自己的思想、看法上存在问题，也意识不到自己需要改变，没有改变的动机。因此，当辅导员认为需要帮助学生处理冲突或矛盾，产生看待问题的新视角，或需要帮助学生承担起改变的责任时，可以采用封闭式问题对学生的固有理念进行挑战。当然，辅导员应在师生间的信任关系充分建立，并且学生的问题或困境已经非常清晰后，再去挑战学生。

四、理论依据

很多心理咨询流派和理论都强调了提问的重要性。精神分析学派非常强调鼓励来访者自由表达，并且鼓励来访者释放情感压力。早期的精神分析学派要求来访者在宽松、舒适的状态下诉说心中的一切。后来的简短心理动力学治疗也强调咨询师需要询问来访者的感受，例如“你现在的感受如何”“你心里是如何感受的”。通过提问，咨询师能够促进来访者表达，探索潜意识中的内容并减少来访者的焦虑。

人本主义学派也会在一些特定情境下采用提问的方式。当咨询师需要进一步对某个问题进行探究时，可以提出一些针对细节的问题。例如来访者说“我感到这次咨询与上次有些不同”，咨询师可以问“那些不同是什么？”来对这一话题进行探究。咨询师也会使用封闭式提问来检验自己是否正确地理解了来访者的意思，使用封闭式问题对那些明显逃避困难或痛苦问题的来访者进行挑战。

后现代咨询流派更加注重提问的治疗性作用，例如焦点解决学派认为，咨询师应当提出有用的问题。通过提问，咨询师可以将来访者的注意力更多地集中于积极的感受和经历，并鼓励来访者思考改变的可能性。通过提问，咨询师有意地引导谈话的方向，促使来访者从积极的角度来重新界定、思考自己的问题。

五、具体技术

提问的形式多种多样，目的也各有不同，从开始会谈到主动干预，提问都能够起到推进作用[①]。

（一）帮助开始谈话的开放式问题

开始谈话时，开放式问题能够创建舒适的关系，能够推动自由讨论。

可以采用的开放式问题有：

今天你想谈些什么？

你期望咱们聊些什么呢？

最近过得怎么样？

自从咱们上次谈话后，问题有什么改变吗？

（二）帮助具体化的开放式问题

当学生谈到的话题过于抽象时，辅导员可以通过让学生举例子的方式使问题具体化。

例如，一个典型对话如下：

学生：我最近遇到了很多不顺心的事。

辅导员：能举个例子吗？

① ［美］艾伦·艾维．心理咨询的技巧和策略——意向性会谈和咨询．时志宏，高秀苹，译．上海：上海社会科学院出版社，2015.

辅导员也可以通过询问具体的细节、人物和事件来使问题具体化，例如：

学生：我想知道当我讨厌室友时，我该怎么办。

辅导员：能告诉我你具体讨厌的是哪个室友吗？他/她做了什么让你讨厌？

学生：我们班对某个老师非常不满意！

辅导员：你能告诉我这位老师做了哪些事情让你们不满意吗？这位老师是怎么对待你们的？你说“非常不满意”指的是什么？

在具体化的过程中，当辅导员想要了解学生的想法、情绪或行为、计划时，可以直接针对相应的内容进行提问。

例如：

请告诉我你对某老师/某同学/某件事的想法。（针对想法的开放式提问）

你说的这些具体是指什么？（针对想法的开放式提问）

对于某老师/某同学/某件事，你的感受是什么？（针对情绪情感的开放式提问）

你对某老师/某同学/某件事有什么感觉？（针对情绪情感的开放式提问）

当你知道你的成绩以后，你做了什么？（针对行为的开放式提问）

你接下来打算怎么做？（针对行为的开放式提问）

（三）帮助具体化的封闭式问题

一些封闭式问题也能够使辅导员了解具体的细节，但辅导员在使用前需慎重考虑。当辅导员已经通过其他信息途径了解了一些事实时，可以通过封闭式问题引导并鼓励学生说出以前想隐瞒的内容。

例如：

学生：我们宿舍里的某同学容易生气，我们怀疑他有心理问题。

辅导员：他生气时最容易做什么，摔东西或伤害别人吗？（辅导员在之前已经通过别的途径了解到，这个学生生气时容易摔东西，因此采用封闭式问题向学生确认，并鼓励学生多说一些）

学生：他生气时容易摔杯子，有时候也摔门。

学生：我最近不太想去上课，觉得学不会。

辅导员：我猜，你不想去上课时应该感觉很痛苦，你也不想这样，对吗？

（辅导员之前了解到，该学生不上课时一般待在宿舍里，不跟别人交流）

学生：是的。我其实也很想好好学习，但上课时听不懂，考试又挂科了……

在使用封闭式问题帮助具体化时应当注意，封闭式提问带有暗示和导向的作用，辅导员需要在谈话前了解到相对准确的信息，才能鼓励学生继续表达。另外，辅导员采用这类提问时要用推测或猜测的语气，并给学生一定的选择空间，从而避免突兀或引起学生警觉。

（四）帮助辅导员了解特定信息的问题

在具体化过程中，使用一些特殊词语或句式会带来特定的结果。采用特定的句式提问时，能够帮助辅导员获得相应的信息。①

（1）“什么”：使用“什么”进行提问，往往会引导学生描述事实。例如“有什么其他情况吗？”“发生什么事情了”。

（2）“怎么样”：当辅导员需要了解事情的过程、结果或者学生的情感时，可以使用“怎么”“怎么样”进行提问。例如，“你怎样解释这件事情呢？”“刚才谈到你的成绩时，你感觉怎么样”。

（3）“能否”：当辅导员不确定学生是否愿意谈论接下来的话题，可以用“能否”进行提问。例如“你能再告诉我一些这方面的事情吗？”“你能否告诉我昨晚你和室友冲突的原因？”“你能告诉我一个明确的例子吗”。这类问题的开放程度最大，因为学生可以选择回答这一问题，也可以选择说“我不愿意”。因此“能否”这类问题含有更少的控制和要求，给了学生充足的回答空间。但是需要注意，当辅导员没有和学生建立起充分的信任关系时，学生很可能会对这类问题说“不”，从而拒绝继续讨论。当遇到这种情况时，辅导员需要接纳学生的拒绝行为，不去批评和指责，等待学生愿意分享时再继续提问。

（4）“我感到好奇”：当辅导员想要了解更多的信息，或者对学生的想法、感受感到好奇时，可以直接以“我感到好奇”这一句式进行提问。这类句式可以视为间接的提问，表达了辅导员对学生的关注和关心，并不逼迫学生一定回答，因此这类问题也能够给学生较大的自由。例如：“我知道你最近这几天没有去上课，我很好奇你都在忙些什么”“我对你下个学期的计划感到好奇”“我很

① ［美］艾伦·艾维．心理咨询的技巧和策略——意向性会谈和咨询．时志宏，高秀苹，译．上海：上海社会科学院出版社，2015.

好奇你放弃考研以后，接下来想做些什么”。

（5）“如果”：这类问题给学生设定了一个情境，激发学生的想象，帮助学生探索在类似情境发生时自己的想法、感受和行为，能够帮助辅导员了解学生的价值观、感受、想法和目前面临的冲突。当辅导员想要了解学生的价值观、个性特点、兴趣爱好时，可以采用以“如果”开头的句式进行提问，带有一定的主动性。例如：“如果可以满足三个愿望，你会希望要什么呢”“如果你得到了100万，没有任何限制，你会做什么”“如果给了你足够的自由时间，你会怎么做”“如果你需要帮助或者受了很大的委屈，你最愿意找谁”。这类问题可以帮助辅导员深入了解学生的价值观和内心感受。例如辅导员可以通过分析“如果你有100万，你会干什么”这类问题来间接了解学生的价值观和自我控制能力，也可以用来评估学生的金钱观。

（五）帮助评估的问题

当辅导员需要全面地了解某件事的前因后果、来龙去脉，并且期望评估这件事对学生的影响有多大时，可以采用一系列的评估式提问，即“谁”“什么”“什么时候”“哪里”“怎么样”“为什么”这一系列问题来对事件进行全面的了解。

具体如下：

谁是这件事的主要人员？他的个人背景是什么？还涉及哪些人？

学生的主要问题是什么？发生什么了？具体细节是什么？

这件事是什么时候发生的？什么时候开始出现的？这件事之前有没有线索？

问题是在哪里发生的？在什么样的环境和情况下发生的？

学生对事件的感觉如何？他做了些什么？

问题发生的原因是什么？

还有什么事情没有谈到？有没有漏掉的但是很有价值的信息？

上述问题能够为辅导员提供一个比较成型的提问系统，可以从以上角度来帮助学生阐述自己的问题或使讨论的内容更加清晰。

（六）干预导向的问题

与上述收集信息的问题不同，一些干预导向的问题能够引导学生以特定的方式进行思考。[①] 在深度辅导中，辅导员可以使用一些主动干预式提问技术来对学生进行干预。这类提问技术的共同点是：（1）关注学生自身的积极力量，或者关注学生周围资源的积极力量；（2）能够促进学生找出解决问题的办法和途径，并鼓励学生做出改变。

1. 寻找积极资源的提问

当学生反复思考自己的困境时，会感到无助和困惑，并且体会到自己的无力感。辅导员需要记住，即使学生遇到的困扰非常大，学生也会具有来自本人或重要他人的积极资源。在深度辅导过程中可以通过询问学生的积极资源来帮助学生发现自我的优势，改变学生对自我的消极感受，并让学生产生改变现状的信心。

以下是可以与学生谈论自我资源的问题：

你过去引以为傲的是什么？现在呢？

你能告诉我在过去的一件成功的事情吗？请你跟我分享一些具体的细节。

每个人都有一些积极的品质，你能告诉我你都喜欢自己的哪些地方吗？

你做过的哪些事情得到大家的认可？

遇到了这么多的困难，你还在坚持着，这真的很不容易。是什么让你坚持到现在的？

最近你的情况看来不好也不坏，那你是怎样坚持着保持这样的现状的？你是怎样做到的？

以往你有没有类似的成功经验？能具体谈谈吗？

涉及来自家庭或他人的资源的问题如下：

请回忆一下过去你获得他人支持时的情景。他/她做了什么？你的感受怎么样？

在大学里如果你心情不好/遇到困难时，你可以向谁寻求支持和帮助？

在生活中，有没有让你特别敬佩的榜样或偶像？他们身上的什么品质让你佩服？

2. 寻找例外的提问

当学生遇到长期的困难或存在难以改变的习惯时，辅导员可以帮助学生寻找例外，即问题没有发生时或学生没有按照习惯做事情时的情形。辅导员可以跟学

① ［美］John Sommers-Flanagan，Rita Sommers-Flanagan. 心理咨询面谈技术. 陈祉妍，江兰，黄峥，译. 北京：中国轻工业出版社，2015：124-133.

生谈论有哪些必要的因素促进了例外的发生，或哪些因素阻止了消极后果。通过了解例外发生时的细节，辅导员可以帮助学生了解他们可以做出哪些积极的行为来使例外得到进一步保持，并鼓励学生继续作出改变。

你能告诉我，你有没有感觉问题变得不那么困难的时候？这个时候跟以往有什么不同？

你在前天竟然控制住了自己，一天都没有玩网络游戏，你是怎么做到的？

你是怎样克服不想上课的想法，去上课的？

当例外发生时，你在想什么？你对自己说了什么？你是怎样鼓励自己的？这跟你平时的解决方法有什么不同？

辅导员在寻找例外的过程中，可以按照上文提到过的“谁”“什么”“什么时候”“哪里”“怎么样”“为什么”来引导学生描述例外的细节，也可以引导学生描述他们做了哪些积极的调整、采取了哪些独特的行动，从而导致了积极结果的发生。通过邀请学生描述自己在例外中的努力，辅导员可以鼓励学生在生活中继续保持相同的行为。

3. 标尺技术

标尺技术能够帮助学生更精确地评估自己问题的困扰程度，并且能够使学生更加清晰地看到自己的改变方向并作出改变计划。典型的标尺问题流程如下：首先询问学生“对你来说，你最好的状态是怎样的”，当学生描述完后，可追问“如果把最好的状态定为10分，最坏的状态定为1分，你给自己打多少分”，学生打分完毕后，可继续问“是什么让你选择了现在这个分数”“如果让你从你现在的分数前进1分，你可以作出怎样的改变”。这一提问形式可以有多种转换方式，辅导员可以根据当时的情境选择。标尺问题可以让学生澄清自己当前的问题状态以及今后可能的改变途径，使学生的目光聚集在积极方面，为学生提供改变的动力。

具体举例如下：

辅导员：如果按照10分来评定，1分代表最坏的情况，10分代表最好的情况，你给上周的学习情况打多少分？

学生：我不知道，大概4分吧。

辅导员：还好不是1分，那你打4分的原因是什么？

学生：虽然必修课没去，我还是上了一些感兴趣的选修课的。

辅导员：好的。假设下周你能给自己打5分，跟现在相比你会有什么不一样？

学生： 我觉得我可以去上一门我感兴趣的必修课吧，比如工程实验。

辅导员： 那很不错，如果你真的能够让自己的状态前进到5分，你可以按时去上工程实验这门课吗？你觉得你会在课上收获什么？会克服哪些困难？

当学生提出改变的可能时，辅导员需要积极地肯定学生，并帮助学生一起探索改变发生的可能性和需要的努力。需要注意，辅导员可能会认为学生提出的改变比较容易实现或者容易完成，因而不认可学生的回答。但是在生活中我们发现，微小的改变会带来更大的、影响更加深远的改变，并且一旦学生完成了微小的改变，就能够给学生带来勇气和信心。辅导员应当对学生提出的任何改变都给予支持，当学生做到之后，再与学生探讨接下来可能出现的更进一步的变化。

4. 外化问题

当学生把自己的生活困难和问题看成是自己造成的，或者看作自我的失败，那么这样的问题就会被内化，学生会将它看成是自我根深蒂固的模式，从而拒绝改变。因此，辅导员可以将问题与学生本人分开看待，并且采用第三人称的方式谈论问题。例如，与厌学的学生进行深度辅导时，辅导员不去询问学生如何陷入厌学状态，而是问："在大学里，厌学最开始是怎么产生的""本学期以来，你觉得你的厌学状态是变得严重了还是减轻了""你更期望努力战胜这种状态，还是更期望厌学状态自己消失"，这样就能够帮助学生将自己"本身具有"问题转化为能够影响自己同时自己也可以对抗的外部力量。

再如，与一个已经被诊断为抑郁症的学生谈话时，可以用一些象征或比喻的方式描述抑郁（如乌云、隧道、黑暗、深坑等），辅导员可以邀请学生自己做出比喻，并且跟学生一起谈论抑郁的状态。

例如：

辅导员： 假如用一个词来比喻你的抑郁状态，你觉得可以是什么？

学生： 大概是迷雾吧。

辅导员： 下一次当你进入迷雾中时，你可以做点什么让自己好一些？/当你想摆脱这片迷雾时，你会跟谁在一起？/你会怎样对这片迷雾说谢谢和再见？

在使用干预导向的问题时需要注意：（1）辅导员需要了解学生在讨论干预导向的问题后自己的感受、想法以及做出改变的决心，而不仅仅限于讨论干预导向的问题本身。辅导员需要引导学生反思在讨论干预导向的问题前后自己的心态、情绪方面的改变。当发现自己的积极力量时，学生的心情很可能是惊奇的，辅导员可以利用学生的这种情绪来鼓励学生坚定改变的信心。(2) 主动干预式提问偏重积极的资源，但辅导员也要提醒学生正视自己的忧虑和问题。寻找积极的力量是解决学生面临的问题和困境的一种方法，在深度辅导中不能仅仅谈到资源而回避问题。

(七) 挑战学生信念的问题

在深度辅导中，辅导员运用心理咨询中的“面质”问题可以对学生进行挑战。辅导员通过之前的观察和倾听，指出学生自身存在的不一致或有问题的地方，向学生进行反馈，促使学生思考，并发现解决问题的关键所在。

例如：

学生： 我家庭条件不好，长相也不好。我本来想好好学习的，但是努力了很长时间成绩也不过如此。我觉得自己生活得很没价值。

辅导员： 你觉得价值是什么呢？只能通过你刚才说的几种方式实现吗？(挑战学生不适应的思考方式)

学生： 我很想给他道歉，但是放不下面子。可他又是我的好朋友。唉，要不拖延一段时间算了。(学生与室友吵架了，觉得很矛盾)

辅导员： 那，你觉得拖延时间会导致什么样的结果呢？(挑战学生不恰当的问题解决方式)

学生： 这件事我觉得不公平，很想报复一下他。

辅导员： 报复他就是你真正想要的吗？(挑战学生不恰当的问题解决方式)

学生： 上大学以后我觉得很没意思，感觉失去了生活的乐趣。

辅导员： 你刚才说到你觉得自己在大学里没有生活的乐趣，但是我也听你讲过，你和宿舍同学相处得很好。看来大学生活不是完全糟糕透了的，你觉得呢？(挑战未利用的优势和资源)

学生： 是的，老师，你说的建议都没错，但是……

辅导员： 我发现，我们一直围绕着“是的，但是……”这个模式来进行谈话。你觉得咱们一直这么做会有什么进展呢？(挑战学生对改变的否认态度)

挑战是辅导员向学生提出异议的过程。辅导员在挑战学生时需要注意，这一过程不是直接和尖锐的攻击，而是一种温和的技术，是建立在充分倾听、共情、尊重学生的基础之上的。辅导员需要在挑战的过程中，让学生同时感到温暖和被接纳，并且意识到辅导员是在真正地帮助自己而不是在批评自己。

六、注意事项

（一）辅导员避免成为话题的控制者

当两个人交谈时，主动提问的那一方往往会成为谈话的控制者。在深度辅导过程中，辅导员如果过多地使用提问，就会控制谈话的进程，扮演了权威的角色。这一过程有时对谈话有好处，学生可以从中接受指导和建议；但是也有可能培养学生的依赖性，学生可能会被动地等待辅导员向他们提问，而不愿意主动谈论一些话题。

（二）注意提问时的语气语调

辅导员作为提问者，在提问中使用的态度、语气非常重要。辅导员在提问时应当保持适当专注，声调要温和、低沉、平稳，表达出关心和亲近，说话的节奏、语速要尽量放慢，提问时的态度应当是试探性的，避免让学生产生“被审问”的感觉。辅导员的态度应当是支持的、非评判的，对学生回答的任何内容都给予鼓励，避免在提问过程中批评学生，这样才能够最大限度地鼓励学生表达。

（三）不要连续提出超过三个问题

当辅导员一次提出过多的问题时，学生可能会因为不知道要回答哪个问题而感到混乱，有时会有一种被“炮轰”的感觉，从而产生戒备心理。另外，如果辅导员只是一个接一个地提问而没有采用其他技术，可能会使谈话失去目标，阻碍双方对问题进行更深入的讨论。因此在深度辅导中，可以遵循一个原则：不要连续提出超过三个问题。

（四）提问内容要考虑学生的需要

深度辅导中谈论的内容容易激起辅导员的好奇，促使辅导员基于自己的好奇心提出一些不恰当的问题。这些问题可能与学生当下面临的困难无关。例如，学生谈论到自己宿舍里有个室友在跟班上的一个同学谈恋爱，辅导员可能会好奇“他们究竟是谁”。或者学生谈论某个学院的老师，而碰巧辅导员对这位老师的情况也很好奇。但是向学生询问这些问题对深度辅导没有任何好处。因此辅导员在提问时需要抑制住自己的好奇心，更多地为学生考虑。

（五）学生比较抵触时应减少提问

当学生对深度辅导的抵触心理比较强时，建立信任可能需要很长时间，需要辅导员和学生在正式的深度辅导和在平时的生活中不断交流。在信任还没有建立起来时，过早地开始提问环节有时并不合适。在辅导员不断的询问中，学生的抵触情绪可能会更加强烈。这时可以多采用倾听、关注和复述技术。

（六）慎用“为什么” 句式

在谈话中，以“为什么”开头的问句往往带有指责性的语气，学生可能感到不被接纳而产生戒备心理。当辅导员问学生“为什么”时，学生往往会从自己的角度来对行为进行解释，这些解释往往十分冗长，会强化学生固有的思考方式。当需要询问原因时，辅导员可以问学生“你这么做一定有你的思考、你的理由，能跟我谈谈吗?”而避免采用“为什么”句式提问。

（七）慎用封闭式问题

封闭式问题往往只需要用一两个词或句子进行回答，因此会抑制学生的表达。当深度辅导中封闭式问题过多时，学生会感到辅导员在盘问自己，并且感到辅导员对谈话有更多的控制权，从而不愿表达。偶尔使用封闭式问题能够对谈话有一定帮助，但辅导员应当尽量有意识地减少封闭式问题，更多地采用开放式问题进行提问。

■ 七、练习

练习 1:构建开放式提问

写出五个能够在开放式问题中使用的句式或词汇。思考：在深度辅导中如何使用这些句式？如何通过学生的反应评估这些句式的开放程度？哪些句式能够引发学生更自由和宽泛的反应？

①______

②______

③______

④______

⑤______

练习 2:体会开放式与封闭式提问的不同

以下几组问句涉及的话题相同，请思考每组问句可能引发的不同回答。

第一组：

你对咱们这次谈话的感觉如何？（开放式）

你对咱们这次谈话的感觉还行吗？（封闭式）

______

______

对于你上学期的成绩，你有什么看法？（开放式）

对于你上学期的成绩，你是不是想要提高一些？（封闭式）

______

______

你感觉怎么样？（开放式）

你感到生气吗？（封闭式）

______

______

下学期你有哪些计划？（开放式）

下学期你打算考研吗？（封闭式）

______

______

练习 3:开放式和封闭式提问

（1）学员分组，每两人一组。

（2）第一轮：A 简短地讲述最近遇到的一件事情，B 用 5 个开放式问题向 A 提问，A 来回答。

（3）第二轮：回到对话的开头，B 再向 A 提出 5 个封闭式提问，要求 A 来回答。

（4）请体会使用开放式问题和封闭式问题的不同，比较两轮谈话在谈话内容、氛围、谈话者感受上的差异。

____

____

____

____

（5）如果时间充裕，角色互换再练习一次。

练习4:发现积极资源

两人一组，每个人分享一个自己遇到的比较困难的学生的例子（例如抑郁、厌学、网络成瘾、学业警示、延期毕业等），详细谈论该学生的问题、家庭情况、个人特征、社会关系等。然后一个人扮演该学生，另一个人扮演辅导员，以提问的方式帮助学生发现自己的积极资源，并使用一些干预导向的问题帮助学生发现生活中改变的可能性。

提示：积极的资源可以是：以前面对类似问题成功的应对方法；一个健康的兴趣或爱好；一个或几个积极的品质；能够帮助该学生的人物，等等。

练习5:封闭式问题在深度辅导中的作用

请思考下列封闭式问题在深度辅导中的作用。哪些属于收集具体信息的问题，在深度辅导中可以采用，哪些可以改成开放式问题？

（1）最近你在学习上感觉有困难吗？（学生对这一问题很可能只回答“是”或者“否”。可以改成：你对你的学习情况有哪些看法？能跟我谈谈你的学习吗？）

（2）你最近失眠吗？（这一问题可以评估学生最近的状态，可以采用）

（3）你在家中是独生子女吗？

（4）你这次考试有挂科吗？

（5）你父母离婚时你多大了？

（6）你有没有向心理中心寻求帮助？

（7）最近你胃口好吗？

（8）你真的不想继续上网了，对吗？

练习6:分小组练习挑战技术

（1）每三人组成一个小组，分别扮演辅导员、学生和观察员。

（2）学生讲述一段让自己困惑的事情，或者采用角色扮演讲述一件自己辅导过的学生的事情（但在现场要以学生的角色来演），辅导员尝试用挑战技术来工作。观察员认真观察辅导员深度辅导的工作过程。

（3）学生和辅导员分别分享刚才的过程，自己的体会和感受，对所完成的辅导工作历程的觉察，对挑战技术的运用等。观察员报告自己的观察。

（4）三人一起研讨工作过程中挑战技术的应用情况，包括是否适当、如何改进。

注意挑战需要遵循几个原则：充分地倾听、理解学生；确定你和学生已经建立起了充分的信任关系；提出挑战时语气要温柔、真诚；询问学生对受到挑战后的反应。

第七章

情绪处理技术

一、情绪概述

（一）情绪的概念和成分

1. 情绪的概念

情绪是人对客观事物的态度体验及相应的行为反应。①

情绪是以个体的愿望和需要为中介的一种心理活动。当客观事物或情境符合主体的需要和愿望时，就能引起积极的、肯定的情绪。如当我们饥饿时饱餐一顿就会感到满意和满足；当我们受到老师表扬时就会感到高兴；当我们和恋人两情相悦时就会感到幸福等。当客观事物或情境不符合主体的需要和愿望时，就会产生消极、否定的情绪。如经常被同学挑剔毛病时会感到生气；失去亲人时会感到悲痛；遭遇特别大的压力时会感到焦虑等。

2. 情绪的三种成分

情绪包含三种成分：主观体验、外部表现和生理唤醒。

主观体验。主观体验是个体对不同情绪状态的自我感受，如愉悦的体验、焦虑的体验、愤怒的体验等。

外部表现。外部表现是指在情绪发生时身体各部分的动作量化形式，包括面部表情、姿态表情和语调表情。面部表情是所有面部肌肉变化所组成的模式，如

---

① 彭聃龄．普通心理学．北京：北京师范大学出版社，2002：355.

高兴的时候会额眉平展、面颊上提、嘴角上翘；愤怒时会眉毛下压，上眼睑提升，下眼睑紧绷，眼睛瞪大。姿态表情是指面部表情以外的身体其他部分的表情动作，包括手势、身体姿势等，如人在兴奋时会手舞足蹈，痛苦时会捶胸顿足，愤怒时会紧握拳头等。语调表情是指通过言语的声调、节奏和速度等方面的变化来表达情绪，如激动的时候语速加快，声调提高；痛苦的时候语调低沉，语速慢。

生理唤醒。生理唤醒是指因情绪产生的生理反应，是情绪引发的生理激活水平。如愉悦、平静时心跳节律正常；恐惧或暴怒时，心跳加速、血压升高、呼吸加快或出现间歇；痛苦时血管容积缩小等。

（二）情绪的功能

1. 适应功能

人们可以通过情绪或感受，了解自身或他人的处境与状况，适应社会的需要，求得更好的生存和发展。

2. 动机功能

情绪（感受）是动机的源泉之一，是动机系统的一个基本成分。它能激励人的活动，提高人的活动效率；过弱或过于激烈的情绪也会阻碍人的行动或降低活动效率。

3. 组织功能

积极情绪对于个体行为或活动有协调促进作用，消极情绪对于个体行为或活动起着破坏和瓦解作用。只有中等强度的愉快情绪，才有利于提高认知活动效果。

4. 信号功能

情绪（感受）具有在人际间传递信息、沟通思想的功能，人们通过情绪的外部表现（表情）传递信息、表达态度、沟通思想、调整行为。

（三）为什么要针对情绪开展工作

1. 情绪是个体生命力的展现

情绪是我们与生俱来的能力，它反映着我们的需要，表达着我们的内心状态，是我们内心状态的晴雨表。当需要被满足时，我们就能体验到积极的正性的情绪，如高兴、满意、快乐、幸福等；当需要被阻碍或受到挑战时，我们体验到的是负性的情绪，如生气、恐惧、愤怒、焦虑等。

情绪是个体生命力的重要表现，多彩多姿的情绪构成了五彩缤纷的心理世界；情绪又联通着内外世界，对我们的生活和行为起着重要的调节作用。如果个体的情绪过于丰富、亢奋或变化剧烈，如范进中举式的狂喜、悲喜交加等，可能使个体的正常社会功能受到干扰。如果个体的情绪过于苍白（如木然）或凝滞（如长期陷入某种单一的情绪如焦虑、抑郁或恐惧），也可能使个体丧失了生命的活力和希望。

文森特·梵高说，请不要忘记，微不足道的情绪是我们生命的伟大舵手，我们服从于它，甚至毫无觉察。

2. 有时，我们是被自己的负性情绪给溺毙了

在深度辅导时，经常会遇到这样的学生：

学生A，已经挂了好几科，面临学业警告。A经常玩游戏，晚上不睡觉，经常逃课。当辅导员找他谈话时，他说："我也想学好啊。但我在课堂上越来越听不懂，我都不知道老师在说什么，也不知道该问老师哪些内容，因为我几乎都不会。我曾经也非常着急，情绪低落，我想玩会儿游戏放松一下，玩着玩着就过了时间。每次玩完游戏我就更痛恨我自己，恨我自己浪费了时间，恨我自己又把控不住自己。看到作业没做书也没看，就更加心急焦虑，就更看不进去书了，于是就又开始玩游戏……"

这样的情景和学生是不是很常见？马克·威廉姆斯把学生A的情况称为"焦虑的徘徊"或"掉进黏稠的糖浆"。

在成长的过程中，我们会逐步形成自己独特的思想与情感模式的混合体，这些情感聚合体可能越来越紧密地与思想、感受、身体感觉甚至行为联系起来。如果我们拨动一个情感开关，其他情绪也会随之而动，身体感觉比如伤痛或疼痛也遵循这一规律，所有这些现象都可以触发思想、行为和感受的习惯模式。我们知道这些模式都是消极的，但是莫名其妙地就是停不下来。这些习惯模式可以创造非常庞大的网络，用来捕获任何微小的情绪波动，并将其强化为一场骇人的暴风骤雨。事实上，这一过程似乎是：有时大脑自动转换到全面警觉的状态，但是却不能按预定的程序重新转换回来。就好像，开关打开以后便被卡住，再也无法关闭。[①]

① ［英］马克·威廉姆斯，丹尼·彭曼．正念禅修——在喧嚣的世界中获取安宁．刘海青，译．北京：九州出版社，2017：25-27.

当一个人陷入这种糖浆或泥潭时，他们常常耗费大量的能量来对抗这种情绪，他们会在这种糖浆或泥潭中拼命挣扎，甚至会丧失方向，直至筋疲力尽。

有时，我们是被自己的负性情绪给溺毙了。

3. 负性情绪常常阻断了学生对内在资源的感知

情绪联通着个体的内外世界，它向外联通着个体对外部刺激的反应，向内又是通往内心活动的一扇门。

愉快而平衡的情绪，能够使人的大脑处于最佳活动状态，能够充分发挥有机体质的潜能。

人们陷入某种负性情绪，一方面会被这种情绪淹没或窒息，另一方面这种情绪会掩盖个体探索内在资源的动力，人们甚至根本感受不到正向资源。

常常，是我们的情绪阻断了我们对内在资源的感知。在我们每个人的内心深处都潜藏着安宁与满足的源泉。我们狂躁不安的生活方式禁锢了它们，但它们一直等待我们的解救。①

例如：

学生 1：新冠疫情期间居家隔离，爸爸妈妈整天在我面前唠唠叨叨，我都要烦死了，我哪里也去不了，我不想活了。

学生 2：看到周围的同学多才多艺，我什么也不会，特自卑，什么也不敢去做，怕他们嘲笑我。

在上面的例子中，学生 1 陷入与父母的亲子冲突中，又无法逃避，陷入烦闷难以摆脱的状态，以至于"不想活了"，其实是在表达情绪。由于疫情的特殊境况以及长期形成的亲子关系的互动模式，他摆脱不了这种冲突和情绪，每天都在苦苦挣扎，越陷越深。

学生 2 由于环境的限制，小时候没有机会学习才艺，现在不能接纳自己，陷入自卑和恐惧，每天盯着"自己不能"的方面，羞怯退缩，不与别人交往，更是陷入这种负性情绪，阻断了对自己内在优势资源和潜能的感知，不敢去尝试和突破，只好自怨自艾。

---

① ［英］马克 · 威廉姆斯，丹尼 · 彭曼．正念禅修——在喧嚣的世界中获取安宁．刘海青，译．北京：九州出版社，2017：4.

■ 二、功能与作用

情绪展现着个体的生命力，是内心状态的晴雨表。关注和处理负性情绪，可以避免陷入“黏稠的糖浆或泥潭”，感知积极的内在资源，找寻问题的解决方法和发展路径。

关注和处理负性情绪，其功能和作用主要表现在：

（一）有助于辅导关系的建立和强化

寻求帮助的学生常常有痛苦等负性情绪。辅导员若能够及时地关注到学生的情绪，并用简明扼要的话语把学生的情绪情感反馈给对方，会让学生产生被看到、被理解的感觉，从而有助于辅导关系的建立和强化。

（二）有助于学生探索问题的各个层面

我们自幼所受的教育（文化原因，性别社会化或是其他原因）是不要公开讨论自己的感受，分享内心感受是极令人尴尬的，是脆弱的，因此我们习惯性地去分析问题，对问题更容易做出认知或者理智的反应，内心感受常常被隐藏了。

在深度辅导过程中，学生用言语表达的内容可能与非言语表达的内容不一致，其非言语的表达可能是其内心世界的更真实的呈现。因此，关注学生的情绪，可以引导学生提供更多的信息，分享更多的感受，甚至可以直抵学生问题的核心。

（三）有助于消除外在情绪的裹挟和阻碍

关注和处理负性情绪，能够帮助学生识别和澄清裹挟和阻碍他们发展的情绪，觉察形成这些情绪的长期的思想和行为模式，通过宣泄、接纳或处理这些负性情绪，走出“焦虑的徘徊”或“黏稠的糖浆”。

（四）有助于疏通探讨内在资源的通道

协助学生关注和处理负性情绪，可以促进学生情绪觉察的发展，帮助学生区分哪些情绪反应是健康的，能够用来指导行动，哪些情绪反应是适应不良的，需要调适。

当学生把自己的负性情绪处理以后，就不会再把注意力和能量纠缠于负性情绪，就会消除对内在正向资源探索的阻碍，个体潜在的力量和能量就会与当下的注意力与行动联结起来，找到解决问题的答案。

三、适用时机

（一）当学生明确表达出对过去经历的情绪和感受时

在深度辅导过程中，当学生讲述自己的问题或经历时，也经常讲出他们对这些问题或经历的情绪和感受。如：

学生1：每一次当我努力地完成一项任务时，前几天效率会特别高，几天后就会突然肩膀沉重，大脑变得木然，情绪也会特别抑郁。

学生2：我的编码课程学得不好，将来我们这个专业就是专门干这个的，我是不是将来就找不到工作了，我对前途感到担心。

（二）当学生过于理智化只关注外在行为时

有的学生在探索自己的问题时，只注重描述事情的经过，关注彼此的行为，很少会谈到自己过于理智化地追求“对与错”对对方造成的影响。

例如：

学生：每天都很忙碌，一个月突然就过去了，也不知道自己忙了些什么。老师，你说我该怎么办？

学生：我和女朋友总是在一起上自习。她逛街或洗澡时，我就在教室里等她。该吃饭了她也不回来，我给她打很多次电话、发很多条微信，她都不回，她难道不知道我在等她吃饭吗？她难道不能体会到我对她的爱吗？我每次都会冲到宿舍楼下找她，然后我们就吵架。

（三）当学生对情绪和感受比较逃避和隔离，陷入恶性循环时

有时，学生面对某种压力或情景时，会陷入某种情绪，但是又特别不想经历这种情绪，总想摆脱、逃避和隔离，结果是：越是摆脱、逃避，反而加重了这种负性情绪。

例如：

学生：每一次课堂发言或上台讲话，我都会特别紧张。我总会提前好几天就开始紧张，我总担心在大家面前出丑，同学们又会笑话我。我不想紧张，但越想不紧张就越紧张，没有办法集中精力准备讲话内容，就又感觉自己准备得非常不好，于是就更加紧张了……

学生：每一次大考，我都特别焦虑，担心考不好又要挂科了，担心同学们又会瞧不起我，担心爸爸妈妈又是很伤心，我千万不能再考不好了……昨天晚上我又焦虑得不行，一晚上都没睡着觉，现在头脑晕晕的，到教室里也看不下书，我感觉我要完了……

■ 四、理论依据

（一）负性偏向理论

负性偏向是人在各种心理活动（认知、情绪、行为活动）中表现出来的一种信息加工优势。大量研究发现负性认知偏向是许多心理疾病的易感因素，是心理疾病形成和复发的决定性因素。[①]

大量行为学研究结果显示，个体对情绪的信息加工存在负性偏向，即负性情绪刺激能更快地吸引个体的注意，并优先得到心理加工。负性情绪会缩小个体的瞬间思维活动序列，缩小个体的认知范围，让个体在当时情境下只产生某些特定的行为。[②]

帕特托（Pratto）和约翰（John）提出的无条件负性偏向理论（categorical negativity bias theory）是对解释负性情绪偏向的一个很有影响力的理论。这个理论强调了负性刺激对注意的吸引，并认为这种吸引（消极情绪偏向）是无条件发生的。[③]

---

① 卞小华．自我同情对负性偏向的影响及干预．上海：华东师范大学，2019.

② 张浩琳，何畏．人类情绪偏向及实验证据综述．心理学进展，2019，9（2）：366-378.

③ 曾婉茜．自我情绪性刺激的注意习惯化研究．长沙：湖南师范大学，2009.

（二）资源限制理论

卡尼曼（Kahneman）于1973年在《注意与努力》一书中提出了资源限制理论。该理论认为，个体的注意资源是有限的，注意资源的多少是影响消极情绪偏向出现的一个重要因素，目标刺激获得的注意资源会随着其他刺激或任务的竞争而减少。

相关的研究也发现，在对情绪性信息注意的背景下，情绪刺激材料可以更好地捕获注意选择，情绪性材料的内在特征（如较高的知觉独特性和生物学准备）可以被看作增加了刺激的突显度导致自下而上的注意偏向；同样自上而下的因素（如环境的情境、过去的经验等）也能够产生竞争的偏向。[①]

五、具体技术

（一）识别内心感受

学生的情绪和感受可能是他们在讲述自己经历的过程中提到的，也可能是学生的非语言表情和行为所表露出来的。

帮助学生识别内心感受的方法有三种：

1. 复述学生讲述中表达出来的感受

在讲述自己的经历的过程中，有些学生会非常坦率地表达他们的感受，甚至有时候会表达出多种感受。辅导员可以在记录纸上记录下学生所讲的描述情绪的词汇，复述学生所表达的表示感受的词，把这些内心感受反馈给学生。

例如：

学生：每天中午张三都不管别人是否在休息，开着外放打游戏，吵得别人没法睡觉。今天中午我睡了半天也没睡着，越来越生气，就起来和他吵了一架。

辅导员：今天中午，他的行为让你非常生气……

学生：我什么也听不懂，也不好意思总问同学或老师，怕他们笑话我。坐在课堂上也非常难受，就只好睡觉。慢慢地就不想上课了，在宿舍打游戏，打完游戏也会感觉很愧疚，但时间长了就无所谓了。

---

① 傅小兰．情绪心理学．上海：华东师范大学出版社，2016：282-293.

辅导员：我刚才听到你说上课听不懂感到难受，在宿舍打游戏会感到愧疚……

2. 直接询问学生的情绪和感受

在交流过程中，有些学生常常讲述自己的经历或看法，很少会直接表达自己的情绪和感受。他们经常会用“我认为……”“我想……”这样的陈述句式，表达的是一种想法，而不是情绪和感受。遇到这样情景的时候，可以直接询问学生：你觉得……怎么样？在那个情景中你感觉到了什么情绪？

询问学生感受的方法，可以是试探性的，如“我想知道你是不是感到很愤怒”；也可以是比较直接的，如“听起来你似乎很生气”；可以只强调情绪情感，如“你感到很恼火”；也可以包含情绪情感产生的原因，如“你做了那么多，老师却没有注意到，你感到很恼火”。

如果学生给你的是一个非感受的回答，复述一遍后再问感受问题。

例如：

辅导员：你每天总是控制不住地想玩游戏，你有什么样的感受？

学生：我感觉这样做非常不好，但是心情不好又控制不住去玩。

辅导员：感觉这样做不好，又控制不住去玩，仔细体会一下，这是一种什么样的感觉？

学生：我感到有些愧疚，同时对自己比较失望。

3. 情感反映

情感反映是辅导员把听到的、观察到的、体验到的学生的情感反馈给学生。这种情感可能是学生曾经说过的，也可能是辅导员根据学生的非语言行为、背景或学生信息所做的推论。

情感反映可以用试探性的句式或肯定的句式来表达。

例如：

辅导员1：你每次提到父亲时，总是说他在你母亲去世时，你才刚刚10岁时就不再管你们姐弟三人了。虽然你每次讲到他时没有激烈的言辞，但我看到了你每次讲述时难以抑制的泪水、憋得发粗的脖子、紧握的拳头，我感受到了你的愤怒，对父亲的愤怒……

辅导员2：刚才你一直蹲在角落里在哭，我猜想你可能感到担心和害怕，不知道如何面对发生的事情（指考试作弊被抓了）。

情感反映应针对学生最主要的、最突出的情绪情感，既要准确反馈学生的情绪类型，又要尽量匹配其情绪情感强度，比如愤怒按程度从小到大可分为轻微不满、生气、愠怒到大怒、暴怒等。

情感反映的要领和步骤是[①]：

（1）体认和知觉。在倾听学生讲述个人故事的过程中，辅导员需要不断地体认和察觉学生正在经历着什么，有什么样的情绪和感受。不能只顾听当事人的故事，被当事人的故事所带走。

（2）反馈性描述。在体察到学生的情绪之后，辅导员还需要能够把情绪符号化，即能够准确地表征学生的情绪，然后将自己的表征以言语和非言语的方式向学生转述。

（3）检查和判断。辅导员要不断观察自己对学生情绪的反馈产生了什么效果，判断它是否促进了学生的自我领悟。

准确的情感反映有助于加强辅导关系，不准确的反映，尤其连续出现不准确的情感反映，则会伤害辅导关系，学生会失望、不耐烦甚至不满。

情感反映应注意：

（1）倾听学生潜在的感受。

（2）选择最突出的情感反馈给学生。

（3）一次只反映一种情感。

（4）试探性地陈述、共情同感、非评判。

（5）尽量与学生情感的强度相匹配。

（6）反映学生当下的情感。

（7）反映要简洁。

（8）聚焦于当事人的情感，而不是其他人的情感。

（9）变换反映的方式。

（10）变化表达情感的用词。

（二）明确并澄清感受

当识别出某种情绪后，辅导员就要帮助学生澄清和界定他所使用的表达感受的词句究竟表达了何种含义。辅导员不要假设你对该感受的理解和学生的理解相同，

---

① 江光荣．心理咨询的理论与实务．北京：高等教育出版社，2012：146–147.

你需要明确并澄清他们的感受、言语或者表达在他们的世界里真正意味着什么。

例如：

学生：每天想看书也看不进去，什么也不想干，特别郁闷。

辅导员：刚才你说郁闷，你能不能给我描述一下郁闷时具体是什么样子的？在你郁闷时，你身体上有什么样的反应？你这种状态对你造成了什么样的影响？你是如何看待这种情绪及其带给你的影响？

当澄清一个感受时经常会引起另一些感受，也要明确和探索这些感受。

例如：

辅导员：我好奇你给女友发了好多条微信她都没有回，你有什么感受？

学生：我感觉非常生气，我感觉她没理解我的苦心。

辅导员：后来你去找她是如何和她沟通的，表达了你的苦心吗？

学生：没有，我和她吵了一架。

辅导员：你感觉她没理解你，那是一种什么样的情绪？

学生：有些伤心吧，感觉好心没被认可。

辅导员：你期望自己的行动被对方看到。

辅导员常常需要帮助学生扩展他们的情绪和身体反应并对此详细描述。以下是针对情绪的提问示例①：

你是什么时候开始有这种情绪的？

多告诉我一些关于你的这种情绪的情况。

描述一下你的身体是如何体验这种情绪的。

你身体的哪个部分体验到这种情绪？

你是否有一些能抓住这种情绪的形象化的图像？

有没有一些能说明情绪的比喻？

你的心情最近怎么样？今天怎么样？

是否有一些其他的感受伴随着或隐藏在那种感受下面？

此时此刻你感觉怎样？

从0—10（或0—100）打分，你的情绪能打多少分？

---

① ［英］Richard Nelson-Jones. 实用心理咨询与助人技术．江光荣，等，译．北京：中国轻工业出版社，2008：180.

（三）承认内心感受

许多人在谈及自己的经历及感受时，常常会说：

是它（事件及经历）让我觉得……

他（的行为）让我气愤……

高等数学让我崩溃。

这样讲，常常是把自己的情绪和感受归咎于外在的人、事或物。

协助学生改变陈述的方式，先描述或陈述一个事情或行为，然后再具体谈自己的感受。可以把上面的句子改为：

经历了这样的事情之后，我觉得……

看到他的行为，我很气愤……

高等数学作业太多太难了，我感觉要崩溃了。

这样改过之后，就能明显觉察到它们之间的区别。前面的陈述方式，把情绪和感受归咎于外部事物，自己是一个受害者；改过之后的陈述方式，则显示了面对所陈述的事实，是我自己产生了某种情绪和感受。要让学生逐渐意识到自己才是内心感受的主宰，承认这种感受并为这些感受负责。

1. 帮助学生体验情绪

当协助学生识别和澄清正在经历的情绪和身体反应后，辅导员应帮助学生认真地了解、体验、探索正在经历的情绪，探讨应对这种情绪的模式及其原因。

2. 帮助学生探索情绪对自己带来的影响

和学生一起探索这种情绪对自己的生活、人际、学习以及发展带来的具体影响，分析这种情绪影响发生作用的机制。

3. 帮助学生为情绪负责

协助学生理解和领悟是情绪阻碍了内在的资源和智慧，自己应为情绪的产生和发挥作用负责，做情绪的主人。

（四）处理内心感受

处理情绪不仅仅是承认自己有什么感受，还要采取措施对这些感受做些什么，使这些情绪和感受能够化解。

处理情绪和感受的最好前提是诚实地面对自己，不逃避，不沉溺；认真体验，勇于承认；找回经验，积极处理。

1. 与过去成功的应对经验相联结

处理情绪和内心感受最主要的就是让学生找到以前处理类似情绪时自己常用并且有效的应对方式，让他们体会到应对困难的控制感和力量感。

典型问法有：

和想法相联系：当你感到……时，你会对自己说什么？

和行为相联系：当你情绪低落时，你通常会做些什么？

和已有经验相联系：以前你紧张和焦虑的时候是如何应对的？

和未来行动相联系：现在想想，做些什么可以让你的情绪变得好一点？

2. 从一种情绪开始

处理情绪和感受，可以从选择一种情绪或感受开始。处理完一种情绪之后，再来处理第二种情绪。

例如：

辅导员： 通过刚才你的叙述以及我们的共同探索，可以看到你目前主要是对自己没有考好感到失望，同时担心父母知道了伤心，对接下去如何学习感到迷茫和困难，是吗？

学生： 是的。

辅导员： 那我们先一起来看一下对没考好而感到失望。你以前有考得不好而感到失望的经历吗？

学生： 有啊。

辅导员： 讲讲看，具体是什么情况？

学生： ……

辅导员： 那次考得不好非常失望，你是如何应对的？

学生： ……

辅导员： 那次没考好后，父母知道了吗？他们是如何知道的？你又是如何应对的？

……

如果学生描述了一个似乎是没希望的情境并且他们也看不到任何改善的可能性，那么他们也许是真的被困住了。在这种情况下，让他们承认和接纳事实和感受，也许会更有效果。

3. 协助学生学习情绪调适技巧

如果有的学生缺乏成功处理情绪的经验，或者实在想不出应对情绪的方法，辅导员也可以通过自我暴露的方式和学生分享自己处理情绪的一些经验和方法，供学生参考。同时，辅导员掌握一些情绪稳定化的技术，也可以帮助学生处理一些负性情绪。

沈家宏认为情绪稳定化技术主要有如下 10 种：①

（1）聚焦当下技术。如果学生经常处于对过去主观的表象或未来想象的表象的焦虑和恐惧中时，就可以通过聚焦当下把他拉到当下来，随着他对当下事物的觉知，对过去和未来主观表象的焦虑和恐惧就会减轻。比如，可以鼓励学生把注意力集中在呼吸上；可以让学生把双脚平放在地面上，感受双脚着地的感觉；可以用手指或双手轻敲膝盖，感受膝盖的感觉；可以觉察环境中那些看到、听到、感受到的事物。

（2）安全岛技术。让学生自己设置、建构一个内心深处虚拟的安全岛，那里是完全属于他自己的一片区域，没经他的允许，没有人能够打扰到他；里面可以有植物，但少放动物，引导学生想象，描述得越详细越好。这样可以带给学生安全、轻松、美好、有控制感的感觉。

（3）内在智者技术。引导学生通过想象在自己的内心创造一个非常聪明、厉害的智者，他可以在学生面临解决不了的问题的时候，给出一些建议和启发。这个内在智者可以是一个物，也可以是一个人，目的在于构建一种内心积极的力量，让学生感觉内在的安全感和力量感。

（4）保险箱技术。引导学生把创伤性的材料“打包封存”，放到保险箱。这个保险箱完全由学生自己设计，钥匙由学生自己掌管，学生自己可以决定是否愿意以及何时打开保险箱的门来探讨相关内容。通过这样的处理，让学生和创伤进行分离。

（5）屏幕技术。引导学生把内心中引起情绪的部分像放电影一样投射到屏幕上，和学生一起探讨此时此刻屏幕上的内容是什么。利用屏幕技术可以投射学生感到焦虑和技术的内容，也可以投射积极美好和有能量的部分。

（6）遥控器技术。通过屏幕技术投射出来的内容，有好的有不好的。可以让学生想象自己手中有一个遥控器，这个遥控器有停止键、快进键、删除键、慢放键、关闭键等，学生可以通过这个遥控器控制影像投射的内容，以便进行工作和处理。

（7）空椅子技术。通常摆放两把椅子，要求学生先坐在其中一张椅子上，扮演内心冲突情境的一方，然后再换坐到另一张椅子上，扮演内心冲突情境的另

① 此部分内容根据沈家宏心理危机干预公益十讲中的第五讲改写。

一方，让学生所扮演的两方持续进行对话，以逐步达到自我的整合或者自我与环境的整合。空椅子技术可以协助学生接触他们内心深处潜藏的情感，将情感外化，充分地体验并处理。

（8）冥想技术。冥想就是引导学生把注意力集中在一个具体的对象上，通过这种专注的训练，获得内心的平静与安宁。冥想有两种方式，一种方式叫正面式冥想，另一种方式叫聚焦式冥想。

（9）放松技术。放松技术有三类：一是呼吸放松。一定要用腹式呼吸，不能用胸式呼吸；一定要经鼻呼吸，不要用口呼吸；一定要自然呼吸，不要刻意加快或减慢。二是肌肉渐近性放松。可以根据指导语对身体的各个部位进行放松，注意动作的张力和节奏。三是想象放松。就是建构一个美好的场景，在那里体验安全、放松和美好。

（10）正念放松技术。正念是一种精神训练方法，强调的是有意识地觉察，将注意力集中于当下，以及对当下的一切观念都不作任何评判、任何分析、任何反应，只是单纯地觉察它、注意它。

以上只是10种常用的情绪处理技术的简单介绍，每一种技术都有非常详细的操作步骤、引导语和具体要求，期望辅导员在了解之后再有选择性地系统学习、演练。

▪ 六、注意事项

（一）要重视学生对自己情绪的觉察

在深度辅导中，辅导员经常会对学生经历的事情或面对的困难比较关注，常常会被对方的故事带走，忽视了学生的情绪。

经常会出现如下对话情形：

学生：（在讲完自己的故事或困惑后）老师，我该怎么办？

辅导员：你有什么想法吗？

学生：我就是不知道怎么办，才来找您的啊。

辅导员：……

因此，在陪伴学生探索他的经历或困惑时，辅导员一定要留意其言语表达的和非言语传达的情感，要经常提醒自己：学生表达自己的情绪了吗？他表达的情绪或感受是什么？在学生讲述过程中，要适时地用复述的技术，让学生停下来，觉察自己的情绪和感受。

（二）情绪处理必须以共情为基础

辅导员良好的共情态度有助于学生探索自己。在辅导员营造的自由、安全和受保护的空间里，学生被关怀、被接纳，可以真诚地表达自己的情绪；辅导员也可以对学生做出正确的情感反映，推动辅导工作不断深入。

（三）情绪处理要聚焦学生在此时此地的感受

情绪处理的焦点要放在学生此时此刻的情绪情感上，要多问学生当下有什么样的感受，身体有什么样的觉察，内心有什么样的想法和思考。要多关注学生对情绪的认知、态度和行为的变化，而不要停留在过去创伤的情绪中。

（四）要注意学生不宜情感反映的情况

不宜情感反映的情况包括：当学生因严重情感障碍或极度负面情绪而崩溃时；或者学生正经历严重情绪危机，无法承受谈论情绪所带来的压力时；或者还没有充分的时间来处理情绪情感问题时；等等。遇到这样的情况，因为学生内心还没有足够的力量和准备来处理情绪，这时应主要采用关爱、鼓励和安抚的方式，让学生先把情绪稳定下来。

七、练习

练习1：观察自己的感觉与行为①

根据图 7-1，在该图的Ⅰ、Ⅱ、Ⅲ、Ⅳ、Ⅴ区来观察自己的感觉和行为。

说明：

（1）每一区都有以下情况：

甲：感觉（情绪词汇）——形容情绪、感觉的词汇。

乙：出现的情境——在什么情境下会有这样的感觉。

① 黄惠惠．助人历程与技巧．成都：四川大学出版社，2006：50-53.

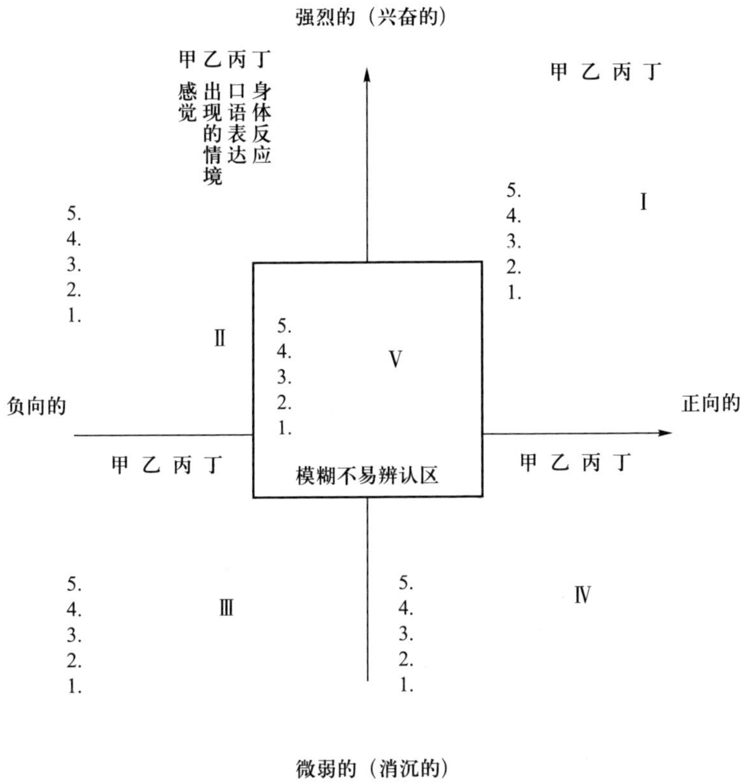

图 7-1 个体感觉与行为分布图

丙：口语表达——在这样的情境下有这种感觉，用什么话语表达。

丁：身体反应——在这样的情境、感觉下，身体上、生理上有何反应。

1—5 的等级表示感觉的强度，1 表示最弱，5 表示最强。

（2）请在Ⅰ、Ⅱ、Ⅲ、Ⅳ各区内，依照感觉的强度（1—5）写出 5 项自己最常出现的感觉（甲栏），然后根据每一种感觉写出出现的时机或情境（乙栏），再写出可能会有的口语表达（丙栏）及身体上的反应（丁栏）。如果一些情境下的感觉，个体无法分清楚，需要进一步的辨识，请写在第Ⅴ区内。

（3）完成之后，团体成员彼此分享讨论，协助了解个体在Ⅰ、Ⅱ、Ⅲ、Ⅳ区内是否有需要变动或更正的地方，减少Ⅴ区内不清楚的状况至最少或无。

（4）本练习的目的是让每个人觉察自己的感觉与行为，借由自己觉察而更了解自己和掌握自己，如此在帮助他人时，才能真正地对当事人产生共鸣，达到正确的同理心。只有辅导员能认识且接受自己的情绪，才能深切体会对方的情绪。

（5）练习时请用下面的习作表。

第Ⅰ区

	甲 感觉	乙 出现的情境	丙 口语表达	丁 身体反应
	例子：高兴	考试得满分	好棒哟	手舞足蹈，眉开眼笑
5.	________	________	________	________
4.	________	________	________	________
3.	________	________	________	________
2.	________	________	________	________
1.	________	________	________	________

第Ⅱ区

	甲 感觉	乙 出现的情境	丙 口语表达	丁 身体反应
5.	________	________	________	________
4.	________	________	________	________
3.	________	________	________	________
2.	________	________	________	________
1.	________	________	________	________

第Ⅲ区

	甲 感觉	乙 出现的情境	丙 口语表达	丁 身体反应
5.	________	________	________	________
4.	________	________	________	________
3.	________	________	________	________
2.	________	________	________	________
1.	________	________	________	________

第Ⅳ区

	甲 感觉	乙 出现的情境	丙 口语表达	丁 身体反应
5.				
4.				
3.				
2.				
1.				

第Ⅴ区

	情境	澄清后的感觉
5.		
4.		
3.		
2.		
1.		

练习2:辨识感觉

(1) 团体围成一个大圈，其中一个成员扮演倾诉者，向团体分享自己近期的一段经历或故事，如果不愿意讲自己的经历或故事，也可以分享一段自己同学或朋友的经历或故事。但在讲述的时候要注意扮演成当事人，以第一人称来讲述。其他成员认真倾听分享者的经历或故事，辨识其在讲述过程中的情绪或感受。

(2) 换另一个成员继续步骤2。

(3) 此练习也可以三人一组来进行，过程与上面的步骤相同，之后在三人小组内分享。

(4) 条件允许的话可以提前录像，通过回放录像分析演练的过程，增强学习。

练习3:练习情绪处理技术

(1) 团体围成一个大圈，选出三人完成角色扮演。一人扮演辅导员，一人扮演学生，一人扮演观察员。学生讲述一段与情绪有关的某事件。可以是近期自己的一段经历或故事，也可以是别人的经历或故事，但要扮演成当事人以第一人称来讲述。辅导员利用情绪处理技术完成一段深度辅导的工作过程。观察员认真观察辅导员深度辅导的工作过程。

（2）学生和辅导员分别分享刚才的过程，自己的体会和感受，以及对所完成的辅导工作历程的觉察。学生分享自己体验到的辅导过程，以及对深度辅导过程的感受。辅导员着重分享自己是如何与学生进行深度辅导工作的，采用了什么样的助人技术？是如何对学生的情绪进行处理的？有什么样的感受和思考？观察员报告自己的观察，包括观察到的辅导员的工作过程、使用的技术，尤其是情绪处理技术的使用等。其他围观的受训者也可以表达自己的观察和思考。

（3）此练习也可以三人一组来进行，过程与上面的步骤相同，之后在三人小组内分享。

（4）条件允许的话可以提前录像，通过回放录像分析演练的过程，增强学习。

第八章 问题解决技术

一、问题解决技术的概念

问题探索和情绪处理之后，辅导员需要与学生一起商讨如何解决当前面临的问题。问题解决阶段中，辅导员和学生一起合作，共同探索解决问题的思路、方法，以及在这一过程中学生需要做出的改变。问题解决技术是辅导员帮助学生思考、改变并作出行动决定时所采用的技术。

在问题解决技术中，辅导员的工作重点是帮助学生本人做出改变。学生可能会期待外部环境或他人发生变化，例如期待父母或室友能够转变，期待更好的机遇发生在自己身上等。但是，因为来参加深度辅导的是学生本人而不是其他人，要想使学生面临的困境有所改善，往往需要学生自身的努力。过于期待外部状态的改变往往不现实，也不利于学生自己的成长。因此，辅导员需要帮助学生确立改变的意愿。改变可以是思维方面的，例如较少的自我批评；可以是情感方面的，例如更加积极的心情；或行为方面的，例如多去上课。

二、功能与作用

（一）使深度辅导取得一定的效果

深度辅导过程中，辅导员在深入理解学生、促进学生倾诉、包容学生的情绪表达之后，需要通过问题解决这一过程，来使深度辅导的效果落到实处。一般而言，学生对深度辅导抱有一定期望，期望达到某种目标或解决某个具体问题。当辅导员帮助学生达成他们的目标时，深度辅导就会变得更加有效，学生也会感觉更好。例如，某个学生无法忍受室友独断专横的行为，但是不敢向她提出意见。辅导员帮助这个学生认识到自己以前的人际交往模式，发现这个学生比较被动，很难提出或发表自己独立的见解。学生对此也深有体会，认识到自己需要改变。但必须把她的认识变成实际行动，例如她可以主动尝试与室友沟通，提出自己的要求，从而改善自己的状况。

（二）帮助学生巩固之前的谈话内容

在辅导员帮助学生处理情绪、从新的角度理解问题之后，学生会对自己的问题和自我的特点有新的领悟。如果没有在生活中践行或做出实际的改变，那么学生的领悟很可能会随着时间的推移而消失，原有的思维模式和思维习惯仍然会继续出现①。在生活中，学生的一点小的改变可以带来积极的效果，这一效果可以引导学生继续朝着积极的方向发展，会带来更大的积极改变；新的变化也能够促使学生有新的领悟。这一类似“滚雪球”的过程能够让学生逐渐改善自己的生活。

例如，一个学生认为需要取得非常优秀的成绩，否则就一无是处。通过辅导员的帮助，学生认识到上大学后由于周围的同学也比较优秀，需要正确认识大学中的竞争和排名；一次考试失利并不代表自己就是一个失败的学生；自己也可以在其他方面多发展特长。但是，这些观念上的改变比较脆弱，当遇到一次考试失败的打击时，学生可能会回到以往的思维模式中。辅导员可以跟学生一起制定计划，如在提升学习效率、发展兴趣爱好、应对压力等方面形成具体的计划，在每次的深度辅导中观察计划的实施效果并及时调整，这样就会使学生不断从改变中获得新的认识，巩固自己的领悟。

（三）帮助学生发现自己的力量

遇到困难的学生往往认为自己无法控制生活，这一思考方式会使学生有较强的挫败感。问题解决能够促使学生主动改善这一局面。当学生改变自己的一些旧的思考模式和行为模式后，会发现自己的生活有了较大的改善，这一过程能够提

---

① ［美］克拉拉·E. 希尔. 助人技术：探索、领悟、行动三阶段模式（第3版）. 胡博，等，译. 北京：中国人民大学出版社，2013：178.

升学生的自信，促使学生发现自身的优势，增强对生活的掌控感。当学生运用自己的力量开始做出改变后，就会发现自己身上的优点和力量，并开始从积极的角度重新看待自己和生活。

■ 三、适用时机

（一）当学生已经准备好要解决问题时

当学生已经做好了改变的思想准备时，深度辅导的主题就可以自然地聚焦于问题解决。例如，当学生已经对问题有所理解，开始自发地谈论如何行动时，辅导员就可以为学生提供相应的帮助。再如，当学生前来深度辅导的目的就是解决某个具体的问题，并且只想解决这个问题时，辅导员在帮助学生确定要解决的问题之后，就可以直接和学生探讨问题的解决方法，并与学生探讨这些方法的有效性。在上述情况下，进入问题解决阶段是一个水到渠成的过程。

（二）当学生不愿做出改变时

一些学生可能并不愿意做出改变，特别是那些本来不愿意前来深度辅导的学生。例如，一个学生沉迷网络不愿上课，他清楚地知道上网对学习有影响，并且知道自己的学习成绩较差，如果继续沉迷下去后果非常严重，但他仍然控制不住继续上网，也不愿对改变负任何责任。这时需要辅导员循序渐进地鼓励、带领学生进入行动阶段。在这种情况下，辅导员不需要等待学生准备好再开始进入改变阶段，可以在每次深度辅导时跟学生讨论商定一个小的改变计划，并在下次辅导时跟学生一起探讨计划的执行情况，并进一步制定新的计划。这种方式可以让学生循序渐进地进入改变环节。

（三）当学生处于危机状态时

当学生处于危机状态中时，辅导员需要直接对学生进行干预[①]。这时可以不再探索学生遇到的问题，也不需要帮助学生理解自己的问题，辅导员需要快速地

① ［美］克拉拉·E. 希尔. 助人技术：探索、领悟、行动三阶段模式（第3版）. 胡博，等，译. 北京：中国人民大学出版社，2013：180.

对他们进行直接干预。例如，辅导员在深度辅导时，如果发现学生有想要自杀的信号时，就要马上启动心理危机的评估和干预措施。只有当这类学生接受了直接干预并且情况有所好转时，才可以回过头来探索日常发展性问题的原因并且帮助学生理解问题。

四、理论依据

问题解决技术依据的理论和流派是焦点解决短期心理治疗。它是近 30 年来形成的一种短期治疗学派，目前在国外广泛使用，在国内也已开展了一些理论和实践工作。它的特点是强调正向、积极的目标导向，不探讨问题的原因与历史，并强调来访者在改变过程中自身的力量。具体而言，焦点解决疗法中的三个基本理念能够为问题解决提供思路和方法①。

第一，焦点解决治疗深受后现代建构主义的影响，强调来访者的力量。建构主义认为，在以往与世界的互动过程中，个体已经积累了丰富的经验，已经形成了对世界的认知方式和看法。对于新的理念，来访者只有基于自己原有的经验进行建构，通过对新知识的分析、检验，才能够纳入自己的知识体系中。因此，焦点解决治疗非常强调尊重来访者的主观世界，认为每个来访者都是独一无二的，且有自己的力量与资源去帮助自己。来访者是自己的专家，解决方法来自来访者本身，治疗师只是催化者。在深度辅导中，辅导员也可以采用类似态度，例如相信学生，给予其充分的信任和主动性，邀请学生参与辅导目标的制定，并相信学生能够在生活中做出实际的改变。辅导员要相信每一个学生都具有资源和潜力，即使是最落后、最不合作的学生，也会有自己的苦闷与想法，需要辅导员的关注和倾听。当辅导员信任学生有自我成长的能力，并且这种信任被学生感知时，学生的潜能就会被激发出来，从而达到发展的目的。

第二，焦点解决的另一个基本理念是以解决问题为目标。焦点解决疗法认为没有一件事完全是负面的，问题症状也具有正向功能，同样的问题或行为在其他情景中可能变成适宜的或适当的。而对问题的不当应对方式才是问题的所在。因此会谈的目标是帮助来访者关注当下和未来，提出紧扣未来的、解决个体发展问

---

① 胡心怡，王虹英．焦点解决法在深度辅导中的应用．北京教育（德育），2012（5）：29–30.

题的目标，并在制定解决策略中，强调个体以往的成功经验，采取有建设性的问题解决方式。

第三，焦点解决疗法强调从积极的角度看待问题。该疗法深信，问题的出现具有两面性，将目光聚焦在问题上可能并不利于解决，而从问题之外入手，从例外中寻找成功的经验，寻找例外和可能的解决方法，是“积极导向”的。这就使辅导员能够发现并肯定学生的积极面，使学生受到激励和肯定，这时学生的改变动机就会增强。辅导员的积极态度可以培养学生肯定、悦纳自我和自信的品质，以及乐观豁达、对未来充满希望的心态。

焦点解决短期疗法的特征以及相应的理念，非常适合引入深度辅导的问题解决阶段。焦点解决强调积极的改变和目标导向，关注学生的积极面，聚焦于当下和未来的改变；简单易行，实用性强，具有较强的操作性、可行性；会谈时程短暂，具有明确的时间限制，在深度辅导工作中有较强的应用潜力。在深度辅导中，辅导员作为“咨询师”或引导者，可以在问题解决阶段借鉴焦点解决疗法的咨询过程和一些咨询技巧。

五、具体技术

在问题解决过程中，辅导员需要帮助学生逐步探索自己的资源，寻找解决问题的方法，思考不同方案的可行性并最后进行总结。这一过程具体可以分为如下几个步骤①，简称“问题解决七步法”。

（一）探寻过去曾做过的尝试

在进入问题解决阶段时，首先要评估学生之前做过的尝试。辅导员与学生一起探索学生在深度辅导之前的尝试，能够避免使学生继续尝试原先不起作用的改变；也可以向学生表明辅导员尊重的态度，表明辅导员重视学生自发的努力；还可以了解学生对解决问题的努力程度，评估学生解决问题的主动性。例如，对于一个期望了解保研政策的学生，辅导员需要询问学生已经拥有了哪些正确的或错

① ［美］吉拉德·伊根. 高明的心理助人者：处理问题并发展机会的助人途径（第八版）. 郑维廉，译. 上海：上海教育出版社，2008：292-392.

误的信息（例如，“对于研究生的专业方向，你都知道些什么”）。通过询问学生已经知道的信息，辅导员可以了解学生已有的知识基础，还可以了解学生获得信息的途径。

辅导员用来询问学生先前努力的问题有：

在我们见面前，你都做过哪些尝试？

描述一下你在尝试改变时用过的方法。

辅导员还需要向学生了解他们之前尝试的结果，哪些尝试是有用的，哪些尝试没有用。辅导员也需要了解哪些因素能够促进改变，哪些因素会阻碍改变。影响改变的内部因素包括动机、焦虑、不安全感、自信程度等；外部因素包括重要他人、生活环境等。通过了解影响改变的因素，辅导员就可以提醒学生今后要吸取教训，避免再受到这些因素的影响。辅导员可以采用的问题有：

在你的尝试中，哪些起到了作用/哪些不起作用？

在最近一次改变中，你遇到了哪些困难？

在尝试中你学到了什么？你有哪些想法和感受？

辅导员在与学生讨论先前的改变时，需要带着倾听和支持的态度，欣赏学生敢于改变的勇气。在学生谈论自己的尝试时，辅导员需要在必要时给予肯定和理解。这样就能够使学生知道辅导员理解他们寻求改变的艰难，并且非常重视他们的尝试。辅导员对先前尝试的了解以及共情的态度能够为接下来的步骤奠定基础。

（二）判断学生的现有资源

早期的心理学家詹姆斯指出，极少有人在面对生活中的问题和挑战时发挥了自身10%以上的潜力。在深度辅导中，很多学生的情况也是如此，他们本身具有一些优秀、积极的内部资源和可以利用的外部资源，但存在着资源利用不足的问题。其中，内部资源主要有：学生的能力、努力、优秀品质等；外部资源主要包括机会和社会支持等。上述资源能够为处理他们的问题发挥重要的作用。辅导员在倾听学生讲述问题时，需要留意上述资源，在谈话中可以加以总结并呈现给学生。辅导员也可以通过开放式问题直接询问学生是否有未经利用的资源和机会。

帮助学生探讨资源的问题有：

什么是我没有利用的技能或资源？

我有哪些特长或才能或技能？我可以怎样利用它们？

我曾经失去了哪些机会？如果再给我一次机会，我将怎样利用？

如果我用心的话，我可以实现什么？

如果努力尝试，我可以在哪些方面变得擅长？

我应该发展哪些社会关系？

辅导员在判断学生的现有资源时，应当重视学生目前拥有的社会关系和社会支持。积极的社会支持往往能够在学生改变过程中起到非常重要的作用，能够为改变提供激励与强化。例如，学生能够跟自己的亲密朋友探讨行动的计划，同时朋友也会对学生的改变起到鼓励和监督的作用。同样，一位温和、支持的权威人物也能够促进学生的改变。

辅导员可以用来与学生探讨社会支持的问题有：

你在多大程度上可以依靠你的室友或朋友或家人来帮你解决这个问题？

在你改变的过程中，你觉得你的朋友或同学能够在哪些方面帮到你？

其他人对你的问题有哪些建议？

如果你发生了改变，那么其他人将会有哪些反应？

（三）让学生自己探索各种解决问题的可能性

以上两步为学生做好改变的准备、制订改变计划奠定了基础，并且能够增强学生改变的动力和信心。接下来的步骤将专注于解决问题的具体方法和实践。当学生有了清晰的改变目标之后，辅导员就可以与学生一起寻找、确定实现目标的各种可能的策略。

1. 头脑风暴法

辅导员帮助学生探索各种解决问题的可能性，这一过程需要谈话双方转变思考问题的角度，即从思考问题、理解问题转变为创造性地解决问题。这一过程需要辅导员和学生一起运用头脑风暴法来思考并探索各种可能性。辅导员需要意识到，生活中的很多问题过于复杂，往往没有唯一、固定的正确答案。对于学生面临的问题，往往存在不止一种处理问题的方式。从多个角度考虑解决问题的思路和可能性能够促使学生发生更大程度的改变，并能够充分地利用学生自身和环境的资源。

采用头脑风暴法的要点如下：

（1）鼓励学生设想出尽可能多的可能性。辅导员需要鼓励学生尽可能多地思考能够朝向积极改变的可能性，并且主意越多越好。好主意往往是建立在充分思考的基础上的，因此，某些最好的主意或学生最强烈的领悟，往往发生在头脑风暴的最后阶段。辅导员要给学生留下充分的时间来思考和探索。当学生和辅导员一致认为主意已经“足够多”时，这一步骤就可以停止。

（2）放下批评和批判的态度。头脑风暴法的任务是思考尽可能多的改变方向，在这一过程中，辅导员和学生都需要舍弃批评和批判的态度，对讨论中的任何主意都不加以评判。任何对主意的支持或反对的态度都可能会限制思路，阻碍学生创造性地思考问题。在收集可能性阶段，也不必思考每一个可能性是否能够实现。当头脑风暴法结束后，辅导员和学生再一起讨论、评价这些想法。

（3）帮助学生利用一个主意去激发另一个主意。在思考过程中，一个新的想法或思路往往会激发更有创造性的想法。辅导员可以鼓励学生进一步发展已经出现的想法，或者将不同的想法结合成新的可能性。例如，当一个情绪低落的学生提到这样的可能性：“我想要跟以往的一些朋友保持联系，这样等我再不开心的时候就可以向他们倾诉。”辅导员回应说：“那会是怎样的情景呢？”学生说：“我可能会从他们那里学习到应对压力的办法，我还可以从我身边的朋友学到这些办法。”

2. 探究未来法

另一种促使学生思考问题解决的可能性的方法是邀请学生畅想未来。辅导员可以向学生提出一些未来导向的问题，帮助他们思考行动后可能会有哪些结果，鼓励学生找到“我想要哪些改变”以及“我需要做出哪些改变”的答案。

用于帮助学生探索的问题如下：

如果这个问题你处理得更好，它将会变成什么样子？

你将采取哪些新的方式与他人相处？

什么样的行为模式将会让你的生活变得更好？

为了使你的生活有所改善，你可以消除哪些目前的行为模式？

你将会有哪些现在没有的成就或特长或兴趣爱好？

如果这个机会能够充分发展，它看上去将是什么样子？

当你改变后，别人看待你的方式将有什么不同？

辅导员可以在谈话中鼓励学生思考这样的问题，甚至鼓励学生自己提出这样的问题，并协助学生思考答案。辅导员也可以通过榜样或实例来帮助学生思考他们的可能性。榜样的例子可以是学生的家人、亲戚、朋友、学长或电影、历史人物。例如，一名学生已经收到了一次学业警示，目前十分焦虑和沮丧，辅导员可以建议他向上一届的某位情况相同但最终好转的学生学习。

（四）制定出具体方案

当通过头脑风暴法或探究未来法确定了改变的可能性时，接下来就需要协助学生找到实现目标的各种可能性。在这一阶段，辅导员和学生一起探讨解决问题的方案。辅导员需要让学生看到，自己制定的目标是可以通过自己的努力一步一步逐渐实现的，这样就能够增强学生对生活的控制感，并最终达成学生想要达到的生活状态。

制定具体的行动方案，需要首先将目标分解为不同的子目标，确定实现每个子目标需要采取的计划或行动，最后将这些计划组成一个既严密又具有灵活性的方案，同时为每个关键步骤的实现确定时间框架。因此，辅导员鼓励学生在制定具体方案时回答以下问题：

为了实现我的目标，需要将目标分解为哪些子目标？

为了实现某个子目标，需要采取哪些具体的行动？第一步、第二步、第三步分别应该做什么？

每个目标完成的时间点是什么？具体到每天、每周或每个月都应该做什么？

例如，某个学生想要制定寻找工作的计划，分解为每一个子目标可以是：

子目标1：确定找哪一类型的工作。

子目标2：根据工作类型完成简历。

子目标3：仔细考虑各种可选择的工作的可能性，确定首选工作、备选工作。

子目标4：投递简历。

子目标5：参加笔试、面试。

子目标6：对获得机会的可能性进行评估。

学生需要制定具体的行动方案来实现上述每一个子目标，例如为了完成第一个子目标，学生需要评估自己的职业兴趣、专业、特长，并搜集各种工作信息。前者可以通过完成职业兴趣测试、分析自己的专业优势等实现；后者可以通过在求职网站上搜寻信息、接触可能提供线索的朋友或熟人、主动联系某些公司的人力资源部门等实现。

在制定目标时需要注意，目标或计划可能不是一成不变的，辅导员和学生需要不断调整目标和计划，来适应学生的需要。有时辅导员也需要帮助学生选择一个或更多的备用目标和计划来应对外界的变化。这样，学生既有了改变的方向，也有了随机应变的能力。如果现实情况发生了变化，学生也可以选择一个最适合自己的目标和计划。备用计划能够为学生提供更大的自由空间和灵活性，特别是在学生的选择存在一定风险的时候。例如，学生计划跨专业考研，辅导员应当帮助学生思考万一没有考上的目标和计划。

（五）探索方案实现的各种可能的阻力与障碍

在确定了具体的实施计划后，辅导员需要帮助学生辨认并分析计划实现的过程中可能出现的障碍或阻力，这一过程能够使学生对困难有心理准备，一旦真正遇到这些问题时，他们就不会感到惊慌失措。

阻力可能来自学生本人，例如拖延、过于焦虑、鲁莽行事、惰性、无助感等。在计划的执行过程中，一个比较常见的现象是拖延。很多学生会以各种理由推迟执行某些计划，直到不得不执行的时候才开始行动。这时，辅导员需要不断督促学生承担起改变的责任，促使学生看到行动的需要，并协助学生看到如果不积极采取行动可能产生的后果。学生在受到过多挫折后还可能会产生无助感，从而不愿实施任何改变的计划。对于这样的学生，辅导员的工作思路可以是帮助学生看到他们能够控制的事情和不能控制的事情，并且建议学生将注意力放在能够控制的事情上，并帮助学生仔细思考自己目前拥有的资源。

阻力也可能来自外在，包括他人、生活环境或者更大的环境力量。如果辅导员已经与学生确认了某种障碍，就可以与学生一起寻找相应的应对方法。例如，学生担心在研究生面试时考官会问一些比较难的问题，辅导员可以与学生一起思考、预测可能会出现的难题，并与学生进行预演。辅导员也可以介绍学生与以往参加过面试的学生取得联系来获取经验。

（六）提供资源

辅导员可以向学生提供具体的资料、事实、建议、观点以及适时的帮助等，来促进学生改变，为学生提供解决问题的思路。这时，辅导员以教育者的角色出现，为学生提供他们需要的资源，具体包括：

（1）提供关于学校政策等方面的信息。例如助学贷款、奖学金政策、保研政策等。

（2）提供学生需要的信息。例如，心理咨询室的地点、学校教务处的联系方式、未来专业的发展状况等，又如提供往届学生保研的比例、保研的成绩要求、社团信息等。

（3）教会学生不同的行为方式。例如，当学生总是在宿舍学习并且抱怨学习效率较低时，辅导员可以建议学生“找一个特定的学习地点，能够使你更专注地学习而不会分心”。

（4）提供一些社交、工作方面的规律，以便学生更好地了解自己遇到的问题。例如，当学生为暑期申请夏令营没有拿到结果焦虑时，辅导员可以向学生解释一般学校发放夏令营接收函的时间；当学生对他人有意见但不知道如何表达时，辅导员可以为学生提供一些合理表达自己要求的方法。

（5）提供一些心理知识，以便学生更好地了解自我。例如辅导员可以向学生说明压力与动机的关系：“适度的压力有助于提升个人动机，但过多或过少的压力则会起到反作用。”

（6）直接帮助学生。例如帮助学生办理助学贷款的手续、休学或复学的手续，向学生提供一些教师的联系方式等。

在提供资源的过程中，辅导员要尽可能地确保自己提供的资源详尽、清晰、具体和适时。辅导员也需要保持共情和关注的态度，并不断观察学生的反应。在辅导员提供完资源后，需要把关注的焦点转向学生，询问学生是否已经完全了解所提供的资源，并询问学生对这些资源的看法。

辅导员在提供资源时需要注意，传达资源的态度和方式十分重要。当辅导员像一个专家或演讲者那样教导学生时，学生往往听不进去，对学生的切实帮助也较小。辅导员应当在学生准备好要接受教育时，以平等、友善的身份介绍资源。另外，辅导员每次提供的资源数量不宜过多。在学生处于焦虑状态中时，他们会更容易忘记辅导员提供的资源。因此恰当的方式是提供少而精的资源，并帮助学生把关键内容记下来，从而便于学生使用这些资源。最后，辅导员也要注意，当提供了过多资源时，学生可能会对辅导员形成依赖，从而导致每次都来找辅导员帮助而不愿自己主动去寻找。这时，辅导员可以提供一些寻求相关资源的方法并鼓励学生自己去探索。

（七）回顾辅导历程，重申具体方案

深度辅导最后，辅导员要与学生一起回顾整个深度辅导的历程。辅导员可以邀请学生总结在深度辅导中都谈到了哪些内容，学生有哪些新的感受、领悟和思

考。有时，学生对整个深度辅导的过程的评价不完全是正面的，辅导员要开放、真诚地倾听学生的正、反两方面的反应。辅导员也要从自己的角度，总结对学生问题的认识，并且给予学生一定的反馈。在这一过程中，辅导员需要向学生强调他们在深度辅导中的领悟和收获，并鼓励他们把这些变化应用到日常生活中。

辅导员也需要带领学生一起总结他们讨论过的学生的改变计划，以及实施行动的具体方案。这一过程具有很强的可操作性，辅导员应当鼓励学生在结束会谈后直接将改变的计划应用到生活中。辅导员可以让学生想象，当深度辅导结束后，学生将采取的第一步改变是什么，接下来的改变是什么。辅导员也要提醒学生改变不宜过多过快，要稳扎稳打，以防止学生开始时过于热情但之后无法坚持。

如果有下一次的辅导机会，辅导员可以在辅导中询问学生的改变情况。改变往往比预期的更加困难，可能还会遇到一些意想不到的障碍。辅导员可以肯定学生在改变过程中的努力，并和学生一起讨论在改变过程中哪些做法有用、哪些没用，并思考改进办法。

六、注意事项

（一）要树立资源导向的心态

当学生被问题困扰时，往往看不到解决问题的思路，陷入一味地抱怨中。例如面对辅导员的建议时，学生总会用“是的，但是……”这一句式回答，来反驳辅导员提出的任何建议，从而为自己不去改变寻找理由。对于很多不愿改变的学生来说，维持现状可能会更加安全或更加舒适。辅导员需要尝试从学生的情况中提炼积极的资源，并帮助学生看到这些资源。例如，辅导员可以通过寻找例外、寻找学生过去的成功经验、学生自身的能力等方式帮助学生发现资源。例如对于长期焦虑的学生，辅导员可以询问学生有没有什么时候他的焦虑水平不那么高，在其中哪些因素起了积极作用，并帮助学生利用这些因素再次克服焦虑。再如，很多学生会对他们面临的情境发牢骚或倒苦水，这种对待问题的态度和方式只能让学生产生无助感，不利于解决问题。辅导员可以帮助学生采用更积极的方式来描述他们的问题，将他们的问题外化，而不是把问题看作控制学生生活的内在事件。因此，在深度辅导中，辅导员要注重资源而不是缺陷，注重成功而不是失败，注重问题解决而不是问题本身。

（二）探索改变需要因人而异

对于领悟和执行力较强的学生，问题解决阶段会变得积极而有效，辅导员也会从中体验到很大的成就感。但是对于以下几类学生，探讨问题解决的效果可能不佳：第一类是缺乏动力、对自己的情况漠不关心的学生；第二类是沟通能力较差的学生；第三类是被强制接受辅导的学生，以及对辅导员个人有意见的学生。对于这些学生，首要任务是建立关系，在信任关系已经充分建立的基础上再来探讨问题解决。

对于已经进入问题解决阶段的学生，设立目标、制定计划也需要因人而异。例如，具有不同价值观的学生面对同一个问题时会有不同的解决思路，辅导员需要尊重他们的想法；再如，一些学生行事比较冲动，辅导员制定计划时不必尝试推动他们前进，反而应当提醒他们谨慎地做出改变。深度辅导中，问题解决应当是高度个性化的，对每个学生要有不同的方案和策略。

（三）继续保持共情和倾听的态度

在问题解决过程中，由于辅导员的任务是推动学生进行改变，辅导员的谈话导向性更加明显，在谈话中会占据相对主动的地位。但是辅导员仍然要继续保持共情和倾听的态度。如果辅导员过于“专横”，指导性过强，学生可能会变得阻抗和不合作，这样不仅会损害学生的行动意愿，还会破坏已经建立的良好关系。当辅导员为学生提供信息和建议时，如果滔滔不绝地向学生讲述自己的经验、建议，可能会满足辅导员自身想要成为专家的需要或对他人倾诉的需要，但这种情况下学生获得的帮助往往较小。虽然辅导员对某些信息的掌握要多于学生，但学生更加了解自己的内心体验，更清楚自己需要什么、应该采取哪些行动。因此，辅导员需要始终向学生传递支持的态度。当辅导员想起自己生活中的一些很难改变的事情时，对学生就可能会多一些同情和理解。

（四）聚焦于学生具体的行为改变

改变最终要落实在实际行动上，辅导员需要与学生探讨具体的行动计划，聚焦于学生具体的行为改变。辅导员需要与学生一起寻找增加学生积极行为的办法，而不是减少学生消极行为的办法。例如对一个沉迷游戏的学生，辅导员的工作思路可以是要求学生走出宿舍，发展现实世界中的兴趣，而不仅仅是“不去玩网游”，这样就能够使学生的改变目标更加明确。辅导员需要把具体的、可观察的、易于行动的行为作为强化的目标，而避免宽泛的、模糊的行为描述。例如对于一个不善交往的学生，行为改变可以是“和认识的同学主动打招呼、聊天”而不是“变得更友好”。具体的行为更容易实施和监控，便于辅导员开展工作。

（五）接纳改变中的任何困难并尝试克服

辅导员需要帮助学生一起正视问题解决过程中可能出现的各种阻碍和困难，并对困难有充分的心理准备。假如问题解决是一件容易的事，那么学生自己就能够做到，辅导员也就不需要再做任何工作了。辅导员需要认识到，学生的某些问题可能是日积月累形成的，想要改变他们的根深蒂固的模式并不容易。辅导员可以和学生一起分析困难和阻碍，并在下次的深度辅导中帮助学生总结克服阻碍的经验，并分析新出现的困难。当学生面对困难出现畏难或无助情绪时，辅导员也需要为学生提供支持。

■ 七、练习

练习 1:如何给别人提建议

（1）四人一组。

（2）分享主题：回想一个在生活中你向他人提供建议的经历，那次的经过如何？你的建议是否被接受了？当别人给你一些建议或者告诉你“应该”怎么做的时候，你的反应是什么？四人依次分享经历。

（3）结合上面分享的内容，思考并讨论：如何向他人提出建议才是最恰当的，提出建议时需要注意什么？

____

____

____

____

练习 2:提供反馈或建议

（1）四人（甲乙丙丁）一组。

（2）面对学生 A 的陈述，请每人思考并尝试给 A 提供一些信息、反馈或建议。

学生 A：不论我学习多么努力，但考试的时候就是不行。上一次的测验，我学习非常努力，刷了好几夜的题，我以为我已经准备得很好了，结果还只得了 75 分。

甲：____

乙：____

丙：____

丁：____

四人一起讨论，每个人所提的信息、反馈或建议怎么样？好在哪里？有哪些地方需要注意，有没有潜在的危险？如何改进？

(3) 面对学生 B 的陈述，请每人思考并尝试给 B 提供一些信息、反馈或建议。

学生 B：老师，你觉得我是一个怎样的人呢？在社团工作中我已经做了很多工作，但还是有一些人不认可，在背后议论我，也不听我布置任务。

甲：____

乙：____

丙：____

丁：____

四人一起讨论，每个人所提的信息、反馈或建议怎么样？好在哪里？有哪些地方需要注意，有没有潜在的危险？如何改进？

练习 3：发现优势和资源

(1) 分组，6～8 人为一组，围成一圈坐好，中间放一把空椅子。

(2) 小组成员选出一人坐中间的空椅子。

（3）其他成员认真观察坐在中间的成员，感受他的优点及值得欣赏之处（性格、相貌、为人处世、学习、特长等）。

（4）大家轮流大声说出他的优势和资源。

（5）换一名组员继续进行，直到每个成员都体验一遍。

讨论：

（1）当听到其他人所提到的自己的优势和资源时，坐在中间的成员需确认，哪些是自己以前觉察到的，哪些是没有觉察到的？

（2）坐在中间，被不同的人发现多种优势和资源，是一种什么样的感觉？

（3）这个活动，对于助人者有什么样的启发？

____

____

____

____

练习 4：问题解决七步法练习

（1）每三人组成一个小组，分别扮演辅导员、学生和观察员。

（2）学生讲述一件让自己困惑的事情，或者讲述一件自己辅导过的学生的事情（但在现场要以学生的角色来演），辅导员尝试用问题解决七步法来工作。观察员认真观察辅导员深度辅导的工作过程。

（3）学生和辅导员分别分享刚才的过程，自己的体会和感受，以及对所完成的辅导工作历程的觉察，对问题解决七步法技术的运用等。观察员报告自己对辅导员工作过程的观察。

（4）三人一起研讨工作过程中问题解决七步法技术的应用情况，是否适当？如何改进？

第九章

总结技术

一、总结技术的概念

（一）什么是总结

总结技术是指在深度辅导过程中，辅导员把学生所谈所讲的事实、信息、情感、行为、反应等分析综合后以概括的形式表述出来，然后回应给学生。或者，辅导员请学生将他们谈话的内容做重点式的整理，再表达出来。

总结能够帮助辅导员抓住学生所述内容的核心，将内容与感受联系起来，正确地看待问题，明确重要的趋势、冲突或可能的决定。同时，辅导员可以把总结的内容反馈给学生，从而也让学生有机会来概括和整合自己的状况。

（二）总结技术与复述技术的区别

1. 使用时机不同

复述技术是针对当事人叙述的一两句话或几句话作整理，往往是对某一个具体的陈述或观点的回应。

总结技术是整理与归纳学生在一段时间内的谈话内容，它可以是在一个主题结束之后，辅导员对这个主题的谈话内容加以总结或摘述，让学生顺利进入另一个主题；也可以是在一次会谈临近结束时对本次会谈的总结。

2. 使用者不同

复述技术主要由助人者（辅导员）来使用。辅导员根据学生描述的内容，选择重要的部分，将该部分复述一次，让学生就该部分做进一步的说明，或者顺着复述的方向继续会谈。

总结技术可以由辅导员使用，也可以由学生使用。自己整理与总结谈话内容，可以协助学生串联重要的信息，形成新的看法，以及负起处理问题的责任。

例如：

复述：你刚才说和男朋友分手了感到非常悲伤，你能否详细谈谈这个悲伤是什么样子的？

总结：你现在对和男朋友分手感到了悲伤。你既好奇如果你们还在一起，未来的日子会是怎样的，同时你又担心，当你的男朋友离开后，你该如何继续你的生活，如何面临来自家人和同学的压力。这件事情刚刚发生，你还在处理它，也不知道怎样处理是恰当的。

二、功能与作用

在深度辅导过程中，一个适时的和好的总结有如下功能和作用：

（一）承上启下，开启新一次辅导

在每次辅导开始时，总结以前的辅导，询问过去一段时间的思考、感悟和行动，常常可以让辅导保持连续性，开启新的一次会谈。

（二）聚焦内容，提供聚焦点和方向[①]

讨论一段小的议题或内容后，总结可以澄清和聚集各种零碎的想法，澄清情况、反映趋势、指出冲突、列出优势，为新观点的产生扫清道路。

（三）及时评估，不断深化助人关系

通过不断总结会谈，辅导员可以有效地检查是否正确地理解了学生的所有信息，不断地澄清学生的情绪。总结可以让学生感觉被理解和“听到”，深化辅导员和学生之间的联盟。应允许学生对辅导员的总结给予纠正和补充。

① ［美］吉拉德·伊根．高明的心理助人者：处理问题并发展机会的助人途径（第八版）．郑维廉，译．上海：上海教育出版社，2008：153.

（四）汇总总结，推进深度辅导进程①

通过总结，辅导员不断概括会谈的主要线索和感觉要点，并把它们反馈给学生，从而推进深度辅导不断前进。总结有时也可以引导接下来谈话中的互动、决策和计划过程。

■ 三、适用时机

（一）辅导开始时

在深度辅导刚开始时，特别是当学生不知该如何开始时，辅导员可以与学生一起总结回顾上一次辅导的内容，协助学生顺利进入本次会谈。

例如：

辅导员： 你上周过得怎么样？

学生： 挺好的。上周和您交流过之后，我情绪平复了许多，不那么担心和焦虑了。

辅导员： 那今天我们谈些什么呢？

学生： 我这一周过得挺顺利的，也没有什么事情可以分享了。

辅导员： 好吧。上一周你主要谈了和女朋友的交往状况，你谈到你总渴望与她在一起，对方如果离开稍久一些你就会担心和焦虑，直到把对方叫回来。为此你们产生了很多次矛盾，每次也都是在你的主动道歉下缓和了矛盾和关系。今天我们一起聊一下你的成长经历好吗？你能否谈一谈你是如何长大的，与父母以及家里人的关系如何？小时候是谁把你带大的？在家里你和谁的关系最好？等等。可以吗？

学生： 好。

（二）辅导由一个主题进入另一个主题时

在深度辅导过程中，当学生和辅导员探讨完一个主题之后，在进入下一个主

---

① ［美］Lawrence M. Brammer，Ginger MacDonald. 助人关系：过程与技能（第八版）. 张敏，潘燕华，王锦霞，范红霞，译. 北京：高等教育出版社，2009：101.

题之前，辅导员可以对刚刚探讨的话题加以归纳和总结，以便于学生顺利进入下一个主题。

例如：

辅导员：你刚才谈了许多你作为一个少数民族学生在完成毕业论文过程中所面临的困境与挑战，我也听到你在尽自己最大的努力拼命往前做，但是由于语言和文化差异的关系，自己完成得不是很理想。我们刚才主要讨论了你认为的当前最大的阻碍与困境，以及如何稳定情绪面对这些阻碍和困境。我想问一下：关于这些阻碍和困境，你和导师沟通过吗？他有没有帮助过你？

学生：我很少和导师沟通。我怕我做得不好导师批评，经常自己一个人闷着头在那里做。

辅导员：导师了解你目前论文的进展状况吗？

学生：了解。前天他叫我过去汇报论文，我讲了一下，导师批评我说做得很差，可能会影响正常毕业。

在上面的案例中，辅导员了解了学生面临的主要困境后，期望了解学生和导师的关系，以及学生是否经常和导师沟通，是否得到导师的有效指导。因此在总结前面的问题、处理了情绪后，就把主题转移到学生与导师的关系互动上。

（三）辅导进行一段时间后

如果问题比较复杂，当辅导进行一段时间后，辅导员应总结概括谈过的内容，协助学生串联相关的信息，对所谈内容有一个提纲挈领的把握。

例如：

辅导员：听了你前面的讲述，我真是感到无比心痛。从小爸爸爱赌博酗酒打妈妈，妈妈在你刚记事的时候就离开了，爷爷奶奶把你和妹妹照顾大。你从小就非常好强，一边帮爷爷奶奶干家务照顾妹妹，一边努力学习，考上了重点中学，获得了学校的资助，考上了咱们学校。听了你的经历，我真的又心痛又佩服你。你一直以自己的学习为自豪，没想到上了大学后，突然发现周围的同学都比自己强，懂得又多，学习又好，几次月考后你感觉自己很努力也考不过他们了，因此你开始怀疑自己，感到自卑，越来越封闭自己，开始沉溺于电脑游戏了，越来越不去上课了。你看我对你的理解对吗？

学生：差不多吧。第一学期时我也特别想学习，后来越来越感觉学不动了。

辅导员：我们一起来探讨一下，看看是什么阻碍了你的学习动力，把你一步步拉落后的。

学生：……

（四）从某一辅导阶段进入另一辅导阶段时

当辅导从某一阶段进入另一阶段时，辅导员应总结前一阶段的谈话内容。比如帮助学生澄清与界定问题之后，就可以进行适当的总结，然后进入下一个阶段，促进学生对其问题作进一步的领悟。

例如：

辅导员：前面我们探讨了你的成长经历以及你现在问题产生的原因，理解到自卑和敏感让自己过于压抑和焦虑，有了困难和问题也不和同学老师说，只想通过努力来证明自己，结果越落后越焦虑，越焦虑越学不好，后来干脆沉溺于电脑游戏不再学习了。现在想一想，面对这种状况，自己要做些什么才能转变当前的问题呢？

学生：我想我可以和宿舍同学一起去上自习，不懂的问题积极主动地问他们。

辅导员：对，你们宿舍张同学还是学习促进会的成员呢，他经常帮助数学有困难的同学。

学生：是，他以前也总叫我上自习，我担心他们笑话我就没有和他们一起去。

辅导员：我听到你说担心他们会笑话你，他们以前笑话过你吗？

学生：没有。

辅导员：那就先积极试试看。

（五）辅导结束时

在一次深度辅导结束之前，辅导员将该次谈话内容总结，协助学生把握整个辅导过程，强调本次辅导的重点，鼓励学生会谈后按照辅导中共同制订的行动计划去尝试。

例如：

辅导员：今天我们主要谈了你和同宿舍同学的矛盾，他们几个总是孤立你。今天早上因为物品摆放，你和A、B两位同学发生剧烈矛盾，她们扬言说要中午回去算总账，你感觉很害怕，中午都没敢回去。通过咱们的探讨，你说你可以主动去和她们沟通一下。咱们也一起分析了宿舍中每位同学的性格和既往的表现，你认为可以先和C沟通，她是班支书，可以先和她说明自己的真实想法，由她来协调一下。咱们也讨论了如果真的争执起来要如何回应，如何避免情绪化的争吵。同时我也说了，如果感觉实在难以沟通或发生了激烈冲突，可以马上联系我，我来出面协助大家沟通。先按照我们探讨的去试一下怎么样？

学生：好的。我现在清楚多了，也有方法和力量去和她们沟通了。

辅导员：好，我在这里支持你，加油。你和她们沟通之后，微信告诉我一下结果。

学生：好的，谢谢老师。

▪ 四、理论依据

（一）参与性总结[①]

参与性总结也叫倾听性总结[②]，它是指在深度辅导的过程中，辅导员主要以倾听和跟随为主，把观察到的学生的言语和非言语表达出来的事实、信息、情感、行为、反应等，经过分析综合后，以概括的形式表述出来，再反馈给学生，相当于内容反应和情感反应的整合。

参与性总结就像穿珠子，把学生所表述出来的零散的信息和内容整理成串、分门别类。参与性总结是深度辅导中辅导员倾听活动的结晶，是最常用的技巧之一。

参与性总结一般只总结学生言语和非言语所表达的信息，不会加入新的资料和信息，主要用于概括学生所讲的内容。

例如：

辅导员：好的，我听你讲了许多发生在你身上的事情，让我们一起看看你都面临着什么样的问题。第一，我听到你说从初中起就情绪抑郁，并且去专科医院看过大夫，服过药；第二，你说正在喜欢一个女孩子，你们很早就从网上认识

---

① 中国就业培训技术指导中心，中国心理卫生协会．国家职业资格培训教程：心理咨询师（三级）．北京：民族出版社，2012：105.

② 钱铭怡．心理咨询与心理治疗．北京：北京大学出版社，1994：68–69.

了，她也有抑郁症，中间因为上学的原因，爸爸妈妈反对你们交往，多次你把她的QQ删掉了。考上大学后你们又开始联系了，但你却发现她已经有男朋友了，你现在很痛苦，不知道怎么办。第三，你每天和这个女生视频交流，很多课都落下了，上学期还挂了两科，本学期也过了大半，你感到很焦虑。你看看，是不是主要谈了这三个方面的问题？

学生：是的。

辅导员：好的，你今天最想和我探讨哪个问题呢？

学生：还是先谈谈和那个女生的关系吧。

参与性总结可以让学生再一次回顾自己的所讲内容，使辅导有一个暂停调整的机会。参与性总结多用于搜集资料、学生探索自己问题的阶段，或者深度辅导的初期。它可用于一次辅导结束前，可用于一个阶段完成时，也可用于辅导交流了一段时间后，只要认为对求助者（学生）所说的某一内容已基本清楚就可做一个小结性的总结。

（二）影响性总结[①]

影响性总结是指辅导员在深度辅导的过程中结合学生所表达的事实、信息、情感、行为和反应做出一些反馈、发表一些意见、做出一些干预等，并把这些内容组织整理后以简明扼要的形式表达出来。

影响性总结可使学生有机会重温辅导员所说的话，加深印象，亦可使辅导员有机会回顾讨论的内容，加入新的资料，强调某些特殊内容，提出重点，为后续的交流奠定基础。[②] 影响性总结与参与性总结不同，它主要强调辅导员所表达的观点，对学生的影响更为主动、积极和深刻。影响性总结可在辅导的中间使用，也可在结束时使用。

影响性总结一般由辅导员来执行。当辅导快要结束时，辅导员可总结学生的主要问题、原因及影响等，然后小结双方所做的工作，概括自己所阐述的主要观点。这样会使整个辅导过程脉络清楚、条理分明，有利于学生把握辅导全局，加深印象。有时，也可以让学生来做这一工作，辅导员可由此了解学生所把握、理

---

① 钱铭怡．心理咨询与心理治疗．北京：北京大学出版社，1994：80.

② 中国就业培训技术指导中心，中国心理卫生协会．国家职业资格培训教程：心理咨询师（三级）．北京：民族出版社，2012：113-114.

解的程度，辅导员可在此基础上做出概述或某些修正。

例如：

辅导员： 通过今天的会谈我们主要探讨了你的学习焦虑和发展规划问题。你认为写代码的课学得不好，担心将来找不到工作。本来想利用五一假期补一补前面的课，连学了几天后突然出现了许多躯体症状，感觉肩膀重，肌肉酸痛，吃饭想吐，睡眠质量变差，大脑一片木然。我们首先一起探索了这些症状和感觉是怎么来的，给自己带来了什么影响，以及如何接纳和化解这些情绪。你现在感觉怎么样？

学生： 和老师探讨完之后，现在感觉身体轻松多了。

辅导员： 我们也一起讨论了问题的核心可能是学习焦虑和对发展规划不清的问题。其实我们计算机专业有好几个发展方向，并非所有的学生毕业后都要去写代码。你可以先去了解一下我们专业未来的发展方向，以及每个方向对专业能力的需求，然后探索一下自己的职业兴趣，根据自己的职业兴趣来做自己的职业发展规划。

学生： 谢谢老师，我还以为不会写代码就完了。我先看一下您给我的资料，也再去问问学长。

■ 五、具体技术

（一）把学生所说内容累积并整理成新的陈述

学生在讲述自己的困惑或问题时，可能会在各种各样的想法和感受中间兜兜转转，这可能是由于他们刚开始接受辅导不知道要具体讲些什么或如何讲，也可能是陷入某种情绪而不能有逻辑性地表达，或者有些人受表达能力或个性因素的影响而表达得过于冗长繁复，也可能是学生拒绝直接讨论来表达他们的难受之情等。辅导员在一个讨论单元最后或者一次面谈的最后，要努力领会学生所说内容的实质，累积学生的观点和感受并整理成一个有逻辑、可用的顺序，反馈给学生。

例如：

辅导员： 你刚才讲了好多导师给你布置的任务，让你给他教授的课程编写练习题，为毕业生论文写评审意见，为修订的书籍查找资料，为学生批改作业等。

你认为这些任务过多，做不好还会被导师骂，感觉压力大，同时打乱了自己的学习计划，你期望去和导师坦白说不想干这些活儿了，是这样的吗？

学生：是的，我感觉这些都不应该是学生干的活儿。

（二）注意学生讲述的不同主题和情绪的弦外之音①

要注意学生说了些什么（内容），是怎么样说的（情感），以及说话（过程）的目的、时机和作用。在总结的时候，注意探索这些弦外之音，促进学生的领悟。

例如：

辅导员：我听了你成长的经历也感到非常伤心和沉痛。一个小女孩儿，小学三年级时父亲就出轨，父母离异了，后来妈妈生病去世爸爸都没来。你和弟弟妹妹被分别寄养在亲戚家里，父亲说不让你们找他，你们没有妈妈了，爸爸也不要你们了。你是老大，你总是要努力讨好亲戚，努力学习，照顾弟妹，从来不敢让自己懈怠一点儿……现在你读到了博士，弟弟和妹妹也都分别成家了，而你却抑郁了。你有没有想过，以前连情绪低落都不敢。

学生：（哭）我总要装得无比强大，我要生病了他们（指弟弟妹妹）可怎么办啊……

（三）在总结中潜移默化地施加影响和干预②

辅导员在总结中要经常把观察到的学生对问题的探索、思考、领悟、计划、行动等及时地进行概述和强调，让学生感到被看到、被强化；让学生认识到现在正处于什么阶段，未来正往哪个方向发展，对计划和行动的评估等，包括探索过的关键之处、已取得的进步和接下来所计划的步骤。

例如：

辅导员：你已经讨论过你理想的工作，以及你过去的工作中喜欢的和不喜欢的事情；你还说到了你计划去参加更多的培训。我看到你对未来新的工作有了更

---

① ［美］文森特·J. 丹德烈亚，彼得·萨洛维. 朋辈心理咨询：技巧、伦理与视角（第2版）. 北京：中国人民大学出版社，2013：17.

② ［美］Lawrence M. Brammer，Ginger MacDonald. 助人关系：过程与技能（第八版）. 张敏，潘燕华，王锦霞，范红霞，译. 北京：高等教育出版社，2009：101.

多的思考，而不只是停留在焦虑情绪之中了。你回去再好好想想自己到底想要一份什么样的工作，然后再计划如何去开始寻找，可以吗？

学生：好的。我现在情绪稳定多了，注意到每次一遇到困难就会感觉很烦，就会六神无主。现在我会先关照一下自己的情绪，再根据今天和您交流的内容好好思考一下我的职业兴趣，做一个求职规划。

（四）试着让学生自己做总结①

在一次辅导的末尾，学生提出了问题解决的计划或行动方案后，可以尝试让学生自己来完成这次辅导的总结，这样可以帮助学生回顾刚才探讨的过程，强化领悟和行动方案，还能检查他们的理解程度。对于有些依赖性比较强的学生或不爱思考的学生来说，让他们试着自己总结，也是让他们增强责任感的方法。

例如：

辅导员：还有10分钟时间，让我们回顾一下今天我们做的工作，你能总结一下我们今天探讨的内容以及你的想法和感受吗？

学生：今天我们主要谈了我去见导师，和导师交流了一下我论文没有思路的问题。导师认为我的问题主要是不能安下心来看文献，他让我接下来一个月先主要看文献。您结合导师的意见，和我探讨了如何规划看文献的进度，先让我从本周做起，先完成两篇核心文献看看，并让我不断留意在完成看文献的过程中会有什么样的问题和挑战，要记下来，下一次辅导的时候来探讨。

辅导员：总结得非常好，就按照我们辅导中你所列的详细计划执行吧，看看会怎么样。我们下次再见。

上面的案例中，辅导员利用学生自己做结束前的总结的机会，使学生回顾了辅导过程，强化了他自己提出的解决方案，并且辅导员更进一步提醒学生注意这个行动方案在执行过程中可能会遇到的问题（因为这个学生论文没有进展的主要原因就是不能定下心来看文献，经常一看文献就心烦，然后逃避去打游戏、刷抖音和看直播）。

---

① ［美］吉拉德·伊根．高明的心理助人者：处理问题并发展机会的助人途径（第八版）．郑维廉，译．上海：上海教育出版社，2008：153.

辅导结束时是否让学生自己做总结，辅导员可以从以下方面进行思考：[①]

（1）在会谈开始时，让学生自己总结上次的会谈能为他热热身吗？

（2）让学生自己总结能把他们分散而凌乱的想法和感受聚集起来吗？

（3）让学生自己总结是否贴近所探讨主题？

（4）让学生自己总结是否能够检查你对面谈进程的理解？

（5）让学生自己总结是否能够鼓励他们去更彻底地探索各种主题？

（6）让学生自己总结是否能够确认辅导的进程一直进展顺利？

（7）让学生自己总结是否能够以学生总结自己成长与进步的方式来终止辅导关系？

六、注意事项

（一）总结语言应简洁且是试探性的

总结是在学生讲述了一段时间、一个主题或辅导结束时，辅导员将会谈内容进行整理、总结或摘要，以便让学生抓住会谈核心，促进领悟，督促行动。因此，总结要尽可能简洁、清晰。

相对其他的技术，总结有扭曲或者解释的可能，所以要特别谨慎。要不断地与来访者核实，你没有增加或减少他或她所说的内容，言辞应当是试探性的。

每次总结完，要在最后加一句“是这样吗”。

（二）总结应是积极正向的

在参与性总结中，辅导员在倾听和关注学生的同时，把所听所闻的事实、情感和行为等概括和总结并反馈给学生，促进学生不断对当下所讲、所思有一个明晰的觉察、领悟和成长。

在影响性总结中，辅导员在与学生交流的同时，会强调某些特殊内容，突出某些重点，加入新的资料，实施某些干预，促进学生成长和转变。

因此，总结应是积极正向的。辅导员在进行总结时，应更多地强调：觉察到

---

① ［美］Lawrence M. Brammer，Ginger MacDonald. 助人关系：过程与技能（第八版）. 张敏，潘燕华，王锦霞，范红霞，译. 北京：高等教育出版社，2009：102.

了什么，感受到了什么，有什么样的收获，当下能够做什么，未来的可能性是什么，等等。

（三）不要在总结中加入新观点

无论是参与性总结还是影响性总结，都是辅导员与学生在前一小段会谈、一个议题的讨论、一次会谈完成后进行的概括和反馈，主要是促进学生对已交流内容的理解和领悟，对所探讨方案执行的强调。

每一次总结，学生只要能对已交流的内容有较好的理解和把握就可以了，如果突然有新的觉察和看法，也最好在下一次会谈或合适的时候再提出来，避免重点不清，造成学生思维的混乱。

■ 七、练习

练习 1：通过深度辅导的文本进行练习

（1）3～5 人分成一个小组。

（2）每个小组发放一个深度辅导的过程文本。

（3）小组成员共同阅读文本，找出助人者（辅导员）总结的地方，并标出：这是在什么时机？运用了哪一种总结的方式？都总结了哪些内容？为什么会采用这种总结的方式？用在这里起到了什么作用？

练习 2：参与性总结角色扮演

（1）利用角色扮演来练习参与性总结。

（2）团体围成一个大圈，选出三人完成角色扮演。一人扮演辅导员，一人扮演学生，一人扮演观察员。学生可以讲述一件自己困惑的事情，或者采用角色扮演讲述一件自己辅导过的学生的事情（但在现场要以学生的角色来演）。辅导员利用学过的助人技术来工作，注意在交流一段时间、一个议题、一个阶段后采用参与性总结的技术概括和总结刚才的辅导过程。观察员认真观察辅导员深度辅导的工作过程。角色扮演的时间约 5 分钟，有条件的话可以对过程进行摄像。

（3）角色扮演者逐个分享。

辅导员：回顾自己刚才的工作过程，都做了些什么？是否用到了总结技术？在什么时机用的？总结了哪些内容？感觉做得怎么样？

学生：刚才几分钟的工作过程自己都经历了什么？感觉怎么样？对辅导员的工作过程有没有什么期望和建议？

观察员：尽可能详细地分享观察的过程，不需要评价。

（4）团体成员可逐个分享：在刚才深度辅导的工作过程中，都看到了什么？有什么样的思考、收获或建议？

（5）回看录像，分析辅导员在工作过程中所采用的技术，尤其是总结技术。共同探讨技术使用得是否恰当，有什么改进建议等。

练习3:影响性总结角色扮演

（1）利用角色扮演来练习影响性总结。

（2）方法和步骤类同于练习2。

（3）角色扮演者分享。

（4）团体成员分享。

（5）录像分析。

练习4:分小组练习总结技术

（1）分小组角色扮演来练习总结技术。

（2）每三人组成一个小组，分别扮演辅导员、学生和观察员。

（3）辅导员用大约12分钟时间为学生进行深度辅导。学生可以讲述一件自己困惑的事情，或者采用角色扮演讲述一件自己辅导过的学生的事情（但在现场要以学生的角色来演）；辅导员利用学过的助人技术来工作。

（4）第4分钟时，辅导员总结互动要点一次。辅导员应该使总结既准确又精练。第8分钟左右时，辅导员进行第二次总结。第12分钟左右时，辅导员结束本段辅导，对本段辅导进行总结。

（5）辅导员总结后，邀请学生从总结中引申出某种有助于辅导继续向前的蕴含之意或结论。

（6）小组成员逐个分享。辅导员对自己工作的过程进行回顾，反思总结技术的应用以及对工作进展状况及效果的觉察；学生分享印象深刻的片段或画面以及自己的感受；观察员分享对辅导员整个深度辅导工作过程的观察，尤其说明辅导员在什么时刻用了什么样的总结技术，起到了什么作用。如果辅导员的总结在协助学生澄清问题、确立目标以及促进学生领悟和行动等方面有效果，那么总结就是有助益的。

（7）如果时间允许，小组内交换角色继续练习，直到小组中的每一个人都有机会扮演每一种角色。

（8）最后，所有成员围成一个大圈，可以邀请部分小组或部分成员分享自己所扮演角色的历程、体会和感悟。

（9）如果有条件，可以对整个练习过程进行摄像。大家可以结合录像来讨论技术的应用及工作的成果，效果会更好。

第十章 危机辅导

一、心理危机的概念

危机辅导是一种特殊的深度辅导形式，表现为：一是受辅导的学生面临的状况是紧急而危险的，严重的会人格解体或者伤害自我或他人；二是所采用的技术区别于前面所讲的技术，具有独特性。

美国心理学家卡普兰（G. Caplan）最早提出心理危机的概念，他认为，心理危机是当个体面临突然或重大生活境遇时所出现的心理失衡状态。这种状态的特点是：

（1）心理严重失调，心理矛盾激烈冲突难以解决；也可以是精神面临崩溃或精神失常，甚至出现自伤或伤人的情况；

（2）困难或极度危险中不稳定的局面；

（3）临时的，不平衡的，而且伴随着混乱和无序的状态；

（4）事件或情况过于困难，个体现有的资源和应对机制无法处理现在的情况；

（5）当心理危机出现时，危机学生有可能察觉，也有可能觉察不到。

对于大学生来说，常见的危机表现形式有：焦虑、抑郁甚至躁狂的情绪，有强迫性思维或行为，上网成瘾、烟酒依赖、旷课、人际冲突、行为异常、出走、伤人伤物，严重的精神障碍如精神分裂等，自伤或自杀。自杀是心理危机最极端的表现形式。

二、大学生心理危机的分类及原因

心理学家布拉姆（Brammer）所提出的应用危机理论很适合对大学生所出现的危机分类。布拉姆把危机分为发展性危机、境遇性危机和存在性危机。

（一）发展性危机

发展性危机是指在正常成长和发展过程中，急剧的变化或转变所导致的异常反应。对于大学生来说，身体发育和性发育日益成熟，但在认知、情绪和自我控制上都不成熟，看问题容易带有主观性、片面性和绝对性，常常非此即彼、非白即黑；情绪波动性较大，心理状态不稳定，易激惹冲动，做出让自己后悔的事情；在情绪表达上较含蓄和内隐，这种表达上的忍耐，常常会让情绪体验时间较长，转化为某种心境，这种情绪上的隐忍表达在某个时点上会引发过激行为，并导致人格上的改变；自我控制力较弱，进入相对自由的大学后，容易受到诱惑，沉溺于一些不良的嗜好；在人际关系上更加敏感，在意同伴的评价和行为。这些都是导致大学生产生发展性危机的因素。发展性危机是正常的，而且每个人的发展状况都是独特的，因此辅导也要因人而异。

（二）境遇性危机

当出现意外的不幸事件和遭遇，且个人无法预测和控制时的危机被称为境遇性危机。如交通意外、重大事故、地震、战争、亲人死亡、突然的疾病、被绑架、被抢劫强奸等，都可能导致境遇性危机。

境遇性危机的特点是随机性、突发性、震撼性、强烈性、灾难性和不可预见性。

（三）存在性危机

存在性危机是指伴随着重要的人生问题，如关于人生意义、责任、独立性、自由等，出现的内部冲突和焦虑。存在性危机可以是基于现实的问题，也可以是基于对人生深层次的思考。

由于很多学生在入大学前将全部精力投入学习，考上大学后会突然有失去人生目标的感觉，就会反思人活着究竟为了什么、人生的目标等，还有的学生在上大学前完全被父母或老师管理，很少进行自主选择，而且在物质方面的需要基本上都被满足，也有可能上大学后出现存在性危机。

■ 三、大学生心理危机辅导的特点

大学生心理危机辅导与日常的深度辅导有一些不同，危机学生面临危险紧急的情形，必须采用一些特定的干预措施。

（一）辅导对象不同

大学生心理危机辅导对象是处在危机之中的学生，认知严重失调，情绪处在混乱状态，行为上失去控制，有时候甚至是被动接受辅导，所以辅导员必须主动干预，在很短的时间内控制住形势，避免继续恶化。日常深度辅导对象对自己有一定的认知能力，情绪处于能够控制的范围，并对自己的行为有所控制。

（二）过程不同

日常深度辅导中辅导员会花费充分的时间倾听学生，对学生进行全面的了解，并不急于做出决定；危机辅导则是根据当时的交流情况迅速确定问题并做出决定，并且要根据学生当时所面临的应激问题给予一定的干预。

（三）目的不同

日常深度辅导的目的是了解学生目前遇到的困难和内心的真实想法，以便辅导员给予学生一定的支持，并帮助学生提升应对或适应环境的能力，促进成长和发展。危机辅导的首要目的是保证危机中的学生的安全，使危机学生在短时间内恢复自控能力，消除危机症状，保持较稳定的心理水平，同时学到应对危机的新技巧。

■ 四、大学生危机辅导的理论和实践

罗伯特（Albert R. Robert）提出了危机干预的七步模型①，用于帮助处于急性心理危机、急性情境性危机和急性应激障碍的人群。

大学生是一个特定的群体，具有特定的管理机制和群体特点，比如在大学中有辅导员、班主任、班干部以及班级和宿舍的同学，这些都是大学生危机辅导中的重要资源，所以在具体的大学生危机辅导中要利用这些特定的资源，让大学生危机辅导更有成效。

借鉴罗伯特危机干预的七步模型，大学生危机辅导应包括以下步骤：

（一）危机评估

危机评估是危机辅导的首要步骤，贯穿整个危机辅导的过程。评估之所以重要，是因为它决定着接下来的辅导方向并最终影响危机辅导的效果。当一个人出现应激反应时，需要在48小时内进行专业的评估和干预，否则将会出现恶化或更严重的慢性症状。

辅导员需要从以下几个方面进行评估：

1. 对危机的性质进行评估

危机学生的危机是一次性还是复发性的，也就是由突发性的事件引起，还是由慢性的生活事件引起。这两种危机的干预方式有很大的不同。

一次性危机是由明显的偶然事件所引发，在失控的情绪状态下所产生的突然性危机行为，通过直接的干预辅导就能较快地恢复危机前的状态。而复发性的慢性危机进程慢，发展期较长，需要较长的时间才能建立新的应对策略，一般情况下，慢性危机需要转介到专业的机构进行评估、咨询或治疗。

2. 对危机学生的社会功能水平进行评估

危机学生的社会功能意味着危机学生应对环境的能力，社会功能越低，应对环境压力的能力越低。

---

① Albert R. Robet. Assessment, Crisis Intervention, and Trauma Treatment: The Integrative ACT Intervention Model. Brief Treatment and Crisis Intervention, 2002, 2 (1): 1.

（1）从危机学生的情绪、认知和行为三个方面进行判断。

第一，情绪方面，主要看危机学生的情绪状态以及是否能控制和管理自己的情绪，情绪越不稳定，程度越强烈，情绪的功能水平越差；

第二，认知方面，主要指危机学生思考和专注的程度，思考越困难，越不能集中注意力，认知的功能水平越差；

第三，行为方面，指危机学生面对外界的应对行为，行为功能较低表现为逃避退缩或者失去对行为的控制。

辅导员还需要将危机学生当前的社会功能水平与危机前的功能水平进行比较，才可以判断危机学生的社会功能受损害程度。危机学生的社会功能水平如果受损害过大，则需要高度关注，并进入专业机构进行治疗。

（2）对危机学生伤害的危险性程度进行评估。

危险性评估包括危机学生自杀或伤害他人的可能性评估。危机学生在产生极端行为前都会流露出一定线索，辅导员要善于发现这些信息，评估其危险性程度。

一般情况下，想要自杀的个体会经历自杀想法、自杀计划到自杀行为这样一个过程，每一阶段都会有一些线索：自杀想法阶段，会有焦虑、绝望或崩溃的情绪、内在的冲突、失眠；自杀计划阶段则表现为搜索自杀方式的信息，了解他人自杀的新闻报道，和别人探讨自杀的内容；自杀行为阶段，会收拾自己的物品、和重要他人告别、撰写遗书等。

此外，危机学生是否有过自杀史、亲人中是否有人曾经自杀，都给我们提供了评估危机学生的危险程度的信息。

如果危机学生的危险性程度极高，则需要进行 24 小时监护，防止自杀或伤害他人。

（3）对危机学生的社会支持系统进行评估。

危机学生的社会支持系统包括家人、朋友、老师、同学等可能给其提供支持和帮助的人，同时也可以反映危机学生日常的人际交往状况。辅导员要对危机学生的社会支持系统进行评估，判断危机学生遇到危机时可能获得的帮助。

首先，评估危机学生和家庭的关系。在中国的文化系统里，家庭是大部分人的最重要资源，辅导员要评估危机学生和家庭是否存在矛盾，比如亲子关系如何，彼此是否有沟通，家人是否是危机学生压力的主要来源，危机学生遇到困难时家人能否提供帮助。

其次，评估危机学生是否有亲密朋友。有亲密朋友意味着危机学生的情绪能够得到疏解，如果没有亲密朋友，则意味着危机学生比较孤单，当遇到较大压力时需要独自承受。

最后，评估危机学生的人际关系如何。危机学生的人际关系状况反映了他们的人际交往能力。

此外，重要的亲戚、崇拜的人物、周围环境的友好，这些社会支持也可以帮助危机学生应对危机，是危机学生的重要资源。

（二）迅速建立关系

迅速建立关系和第一步的危机评估是同时进行的，建立关系的方法是我们在前面介绍的关注和倾听。辅导员要完全接纳和尊重处于危机中的学生，态度始终如一，平静地面对危机学生所表现出来的绝望、焦虑甚至敌对的情绪，营造出一种安全包容的氛围，并向危机学生保证会得到老师的帮助，使得危机学生信任辅导员，逐步让危机学生恢复正常的情绪。

（三）探索问题的情境

危机辅导的特点是关注当下发生的事情，而不是未来的事情，所以辅导员需要了解发生的危机事件以及危机学生所遇到的困难，识别问题的严重程度，包括危机事件在多大程度上扰乱了危机学生的生活模式，成为导致危机的最后一根稻草。辅导员可以采用开放式的问题促进危机学生描述和分享自己所遇到的问题，在危机学生分享的过程中，辅导员要对危机学生遇到的困难表示理解，这样会缓解他的焦虑情绪。同时辅导员也需要在危机学生的描述中识别他应对危机和处理情绪的模式。

（四）处理感觉和情绪

在危机处理中，允许学生在一种接纳的、支持的、私密的并且不带评价的设置环境中表达和发现情绪，这是有辅导意义的。在危机状态下，危机学生的情绪一般都比较强烈，允许危机学生表达情绪，并且进行一定的发泄，反而能够缓减危机学生的情绪。

（五）探求可以使用的资源

危机学生可以用来应对危机事件的资源包括自己以前成功的应对方法和外在的社会支持。在应对方法上要了解危机学生曾经成功应对的方式，现在这种方式是否有效，是否还有其他的应对方式。在社会支持方面，辅导员需要了解危机学生有哪些重要的人际支持，现在这些支持是否仍然存在，是否有一些支持被危机学生过度利用，是否还可以寻找到新的社会支持。探求危机学生的资源，要求辅导员用积极的眼光来看待危机学生。

（六）发展行动计划

当了解到引发个体危机的事件及其严重程度、对危机学生的影响、危机学生目前的功能状态、危机学生所拥有的应对资源后，辅导员确定危机学生最迫切需要解决的问题是什么，将这一问题进一步分解为危机学生更容易执行的几个部分。考虑危机学生的自控能力和自主性，确保计划的可执行性，每一小部分所需要的时间限制在 1 ~ 3 天，开始的时候需要辅导员和危机学生合作，直到最终危机学生可以独立应对。辅导员要不断跟进和追踪，确保掌握计划执行的情况。在这一环节中，还要确定可联系的人（比如父母、同学、老师等）、转介的资源（主管学生工作的副书记、心理中心、医院等），以及提供应对机制。

（七）执行行动计划

辅导员和危机学生沟通达成行动计划，在后续阶段需要不断评估干预措施是否有效，以便随时根据需要对计划做出调整和修改，以寻求最佳的解决方案。经过一段时间的干预后，危机学生的情绪危机得到解决或一定程度的缓解后，就可以中断危机辅导，转入一般的心理辅导。

■ 五、具体技术

（一）心理危机的发现识别

1. 从学生基本信息摸排中发现识别

辅导员可以通过学生档案、日常工作、日常深度辅导等途径了解学生产生心理问题和危机的风险性因素。

危机的风险性因素包括：年龄过大或过小；家庭过于贫困；父母关系不睦、单亲或离异；与父母很少沟通或有较大矛盾；有留守、流动、寄养经历；有自伤或他伤经历，曾被虐待；有重大身体疾病或有慢性疾病；有家族自杀史、个人自杀未遂史、身体虐待史；心理普查被确定为重点人群；曾经被确诊有严重心理问题或精神障碍；家族中近亲属有精神疾病史；等等。

2. 从学生主要面临的困难情境中发现识别

（1）适应困境：不能适应在校生活和学习，社会功能（吃饭、睡觉、人际交往、学习、工作效率）明显异常。

（2）人际困境：孤独、人际冲突、失恋及其他人际交往受挫等。

（3）学业困境：功课学习困难，难以完成老师布置的任务，不能正常开题，不能正常完成论文，不能正常答辩，毕业困难。

（4）就业困难：没有找到自己满意的工作或没有找到工作。

（5）家庭困境：经济困难，父母婚姻破裂如分居、离异，亲子关系不良如冲突、隔离、遗弃等，夫妻关系紧张，如吵架、冷战、离婚等。

（6）健康困境：正在罹患严重身体疾病或精神疾病等。

（7）重大应激事件：正在经历突发性重大事件，比如论文开题或毕业答辩不通过；失恋或离婚；与导师或他人发生剧烈冲突；受到行政处分；自身突发重病；亲人突患重病或去世；遭遇自然灾害等。

3. 从学生日常行为表现发现识别

（1）看待事物、思考问题总是比较极端。

（2）过度自卑、自责、内疚、压抑、忧郁、焦虑、烦躁不安、恐惧、绝望感等。

（3）睡眠较差，有失眠或早醒的情况，持续两周以上。

（4）经常不去实验室，回避与课题组同学和导师的交往。

（5）有网络成瘾或其他成瘾行为，严重影响正常的学习和生活。

（6）人际关系不良，很少与同学交往，导学关系存在比较大的矛盾或冲突。

（7）性格过于内向、孤僻，缺乏社会支持。

（8）在网络媒体上（微信、微博、QQ 等）有比较过激或有关于生命安全方面的言论。

4. 从心理危机的信号发现识别

(1) 抑郁症、精神分裂症等严重心理疾病或精神疾病发作期。

(2) 认知、情绪或行为突然出现异常。

(3) 有强烈而频繁的自伤或伤人观念。

(4) 表达过自伤或伤人计划，讨论过自伤或伤人方式。

(5) 有自伤或伤人的苗头或具体的行为。

(6) 有冲动的行为。

(二) 危机评估技术

在大学里，我们一般根据危机的紧急性和严重性两个维度来评估。

1. 红色预警——严重而紧急

评估的线索包括：有严重现实困难，学习、生活、感情出现危机，有较高自杀风险，家庭支持差，或者已经有了自杀行为，或者有明确自杀计划及相关迹象（如写遗嘱、在网上买药、自杀踩点、在网上搜索自杀方法），或者多次声称有自杀想法、有自杀意念及意向，或者正在自我伤害或伤害他人。

红色预警的个体精神状态或者行为明显异常，有中、高度自伤或他伤风险的可以评定为红色预警，需要立即进入紧急干预流程。

2. 橙色预警——严重不紧急

评估的线索包括：严重适应不良，在校学习、生活有严重困难。比如完成学业困难，出现若干门课程不及格，考试缺考。精神状态明显异常，或者患有某种心理疾病如焦虑症、抑郁症、双相情感障碍等，或者疑似精神障碍，或者患有某种生理疾病如长时间疼痛感或短时间无法治愈，有试读、休学、退学、入院治疗的可能。

橙色预警的个体表现为严重适应不良，不能正常学习和生活，未发现明显自伤或他伤及精神疾病风险，需要进入重点干预流程。

3. 黄色预警——不严重不紧急

评估的线索包括：有突发性应激事件，情绪和行为反应大；或者有相对严重的情绪困扰，人际交往困难但尚能正常学习与生活。

黄色预警个体表现为明显适应不良，未见明显自伤或他伤和精神疾病风险。暂时不需要进入危机干预工作流程，可进行深度辅导，或建议学生去心理中心咨询。

（三）QPR技术

QPR技术又称作心理危机的看门人计划，属于紧急危机干预技术。QPR是提问（question）、说服（persuade）和转介（refer）的英文单词的首字母的缩写。当遇到一个有可能进行自杀的学生时，可以通过有效的方式帮助学生化解危机。

1. 提问技术

提问技术是指辅导员如何询问有关自杀问题的方法。辅导员如果在谈话的过程中遇到有关自杀的信息，如有疑问，就要立即询问，如果危机学生有些抗拒，或者态度勉强，辅导员仍然要坚持。

提问时请注意：第一，谈话的空间必须安全，在私密的场合，要单独询问。

第二，在回答的内容上，不要限制，要给予危机学生充分的自由，可以谈论任何与自杀相关的内容。

第三，提问的方式包括间接提问和直接提问：

（1）间接提问是通过询问了解可能导致危机学生有自杀想法的一些线索和信息。

例如：

你最近不开心吗？

你最近非常不开心吗？

你最近非常不开心以至于你想要结束自己的生命吗？

你有没有想过睡过去就不再醒来了？

（2）直接提问是直接询问危机学生是否有自杀的想法。

例如：

你知道，当人们像你现在看起来这样沮丧的时候，有时会希望自己死了，我想知道你现在是否也那样觉得？

你现在有没有想要自杀？

（3）切记不要以评价和否认的方式谈论自杀。

例如：

你不会想要自杀，对吧？

你不会干傻事，对吧？

自杀是一种愚蠢的想法，你不会想到自杀的，对吧？

注意事项：要记住，危机学生如果有了自杀的想法是正常现象，作为危机辅导老师不能回避，需要更多地了解和自杀有关的信息，以便为危机学生提供更多的帮助和支持。有研究表明，一旦自杀危机者被问及是否想过自杀，他们感到的是轻松解脱，而非苦恼。焦虑的消退，伴随希望的增加，继续活下去的机会更大一些。

如果辅导员无法进行关于自杀的提问，就需要转介其他老师来帮助完成这一工作。

2. 说服技术

说服技术主要是辅导员要表达对危机学生的关注和关心，并注入希望的技术。处于危机中的学生常常会觉得孤独，被世界抛弃，充满痛苦，对自己的未来是一种绝望的感觉。辅导员要对危机学生表达出理解和关心，并灌注希望。

（1）表达关心的方式。全身心的专注倾听、共情式的理解都是表达关心的方式，直接说出自己的关心和担心或者以询问的方式表达关心，都是可以的，记得要表现出耐心和坚持。

例如：

我知道在那样的情况下，我们有时候会感到绝望。

被最信任的人背叛，的确是令人痛苦的。

我很关心你目前的状况。

我对你有些担心。

我陪你去找心理中心的老师谈谈好吗？那里的老师都很专业，也许他们可以帮助你。

你的情况跟爸爸妈妈说了吗？

（2）灌注希望的方式。对自己和未来绝望是自杀者的核心特点。辅导员需要提升危机学生的希望水平，包括提供支持和帮助、为问题的解决提供思路、降低对情境的负面感受。

例如：

我支持你，我们会渡过难关的。

只要我们一起想办法，一定会有解决的方法的。

就是真的考试不及格了，我们还可以补考，或者重修。

这种痛苦的感觉不会永远都存在的，随着时间的推移就会慢慢降低。

3. 转介技术

如果辅导员觉得自己无法帮助危机学生，最好的方式就是将危机学生转介给能够提供帮助的人或机构。辅导员需要亲自陪伴危机学生去找能够给予他或她帮助的人或机构，以保证危机学生的安全。在学校里，一般转介给主管学生工作的副书记、心理中心、精神专科医院。

主管学生工作的副书记一般都是经验丰富的学生工作干部，而且能够提供更多的资源，这样更有利于保证学生的安全，进行危机干预。

心理中心是学校里最专业的心理工作部门，心理中心的老师接受过专业教育和培训，他们可以进行更专业的评估，也可以提供更好的帮助。

精神专科医院是以诊治心理疾病、精神疾病患者为主的专科医院，如果危机学生精神症状明显异常，就需要去精神专科医院就诊。

辅导员应未雨绸缪，了解一些校园和社会资源，比如学校的心理热线、咨询预约电话、面向社会的咨询和危机干预热线，提供给危机学生，在危机学生体验到抑郁、绝望或想要自杀之前，能够通过这些助人资源获得及时的心理支持和帮助。

（四）接触和情绪稳定技术

大部分危机学生都处于应激状态，会表现出焦虑、绝望、痛苦等情绪，辅导员在第一时间要做到的是和危机学生保持心理接触，建立彼此信任的关系，进而让学生心理稳定。这要求辅导员掌握情绪稳定技术。

1. 保持情绪稳定

辅导员要保持温和、亲切和稳定的情绪，这样才能让危机学生的心理保持“安稳”，这也是心理接触的良好开始。当危机学生处于惊魂未定的时候，辅导员不要急于讲话，可以倒杯热水，用手扶着学生的肩膀，默默地陪伴也会有很好的效果。

2. 保持价值中立，尊重和接纳危机学生的个人观点和境遇

保持价值中立，不对危机学生的观点和行为做出好或坏的简单评价，让危机学生感到被尊重、包容和接纳。

3. 全身心地倾听与关注

不轻易打断危机学生说话，通过点头、眼神接触、微笑、给予适当的言语反馈，向危机学生传递关心爱护的态度。

4. 化解危机学生的羞耻感

表达对危机学生心理状况的理解，不要让学生觉得只有自己才有这样的状态。告诉学生这种心理状态具有普遍性，可以有效地化解学生的羞耻感，促进学生分享和寻求帮助。

六、注意事项

（一）危机辅导应聚焦在当下状态而非过去经历

危机辅导的主要目标是保证危机学生的安全性，所以在危机辅导中，辅导员需要主动介入，并把注意力放在当下发生的事情以及由其引发的情绪，并根据所获得的信息在有限的时间内做出决定。

例如：小 A，男，大四。班长向辅导员反映小 A 因毕业设计论文不顺近期情绪抑郁，已经发生了自我伤害、上宿舍楼阳台等过激行为。下面就是辅导员对小 A危机辅导的部分对话。

辅导员：听说你最近状态不是很好，能说说发生什么事情了吗?

小 A：毕业设计两次答辩都没有过，恐怕不能正常毕业了，我都不敢想这个事情。

辅导员：因为毕业设计而导致不能毕业，一般人都会觉得很难接受。

小 A：是的，我现在有点绝望，我也不敢告诉家人，如果他们知道我不能正常毕业，一定也无法接受。

辅导员：我能够感受到目前发生的事情给你带来的压力。

小 A：我现在晚上都睡不着觉，我不知道该怎么办，实在难受得不能忍受的时候，我就用脑袋撞墙，把脑袋撞痛撞懵的时候，感觉难受就能少一点。

辅导员：我知道你是想减轻一些自己的痛苦感觉，不过那样减轻痛苦的方式有些危险。

小 A：但我也不知道还有什么方法让自己的难受少一些。

辅导员：如果下次难受的时候，可不可以给我打电话?

小 A：那会不会影响你?

辅导员：我是你的辅导员，你现在处在非常糟的状态中，能够给你提供帮助是我最首要的任务。

小 A：谢谢老师。

辅导员：我了解到你在毕业论文的写作上遇到困难，下一步你准备怎么办?

小 A：我也不太清楚。

辅导员：我已经联系过负责教务的老师，她说只要你能在毕业前完成，她会为你安排一次答辩。我也和你的指导老师联系过，他说你需要专业上的任何帮助都可以和他联系，他再单独给你辅导。如果需要的话，你宿舍的同学也愿意帮助你。

小 A：真的非常感谢老师。

辅导员：不客气。

上面的案例中，辅导员在很短的时间内了解到当事人的情绪状态、当事人处理自己情绪的方式、当事人目前遇到的困难。因为大学中辅导员都已经提前了解到一些情况，在危机辅导前就已经进行了一些介入，这些介入会对危机学生有很好的帮助。我们注意到在上面的危机辅导中，辅导员告诉当事人那样处理情绪的方式是很危险的，并给他提供了一种更加安全的方式——特别难受的时候给辅导员打电话，这是一个非常好的危机干预案例。辅导员帮小 A 理清所面临的问题、可以寻求的支持资源，同时不断向他传递希望：在他的努力和大家的共同支持下，一定能解决当前的难题。

（二）主要关注学生的情绪

虽然事情紧急，但辅导员要保持冷静的心态，在辅导的过程中不给危机学生施加压力，允许危机学生自由地表达和分享，并尽量给予危机学生温暖和信心，帮助危机学生的情绪恢复到正常状态。

例如：小文在宿舍里服了大量的安眠药，被紧急送到医院，经过医院的紧急救治被抢救过来。回到学校后，辅导员对小文进行危机辅导，下面是她们的一段对话。

小文面色苍白，躺在床上，看到辅导员进来后一句话也没说。辅导员也没说什么，给小文倒了一杯热水放在床边，又替她把被子拉了一拉，然后握着小文的手，问她："现在身体感觉怎么样？"

小文：还好。（眼眶有点红）

辅导员：知道你遇到了难事，一定特别难受。

小文：不好意思，给老师添麻烦了。

辅导员：你太客气啦。以往遇到那么多的事情都没和老师讲，自己一个人担着，得多难受啊。以后有什么事可尽管来找我，咱们一起商量。

小文：谢谢老师。

辅导员：好的。你先休息，先把身体调理好，过两天咱俩再单独约着好好聊聊你的情况。

（三）不要把危机学生捂在自己手上，要利用多种资源

学校危机辅导中不仅仅是辅导员一个人参与，还要调动更多的资源来帮助危机学生，包括主管领导、心理中心、家长、班级同学，必要的时候建立危机辅导团队，以更好地帮助处于危机中的学生，防止危机事件发生。

以上面小A为例，如果发生这样的事情，除了辅导员进行危机干预，还需要得到以下人员的帮助：

（1）主管领导。心理健康教育工作由主管学生工作的书记主抓，是辅导员的上级领导。

（2）心理中心。心理中心是学校负责学生心理健康的专业部门，接受过专业的教育和培训。心理中心老师可以对危机进行评估，提供专业的建议，必要的时候，心理中心的老师可以直接进行危机干预。

（3）家长。在大学里，遇到重大危机事件时，需要尽快与父母联系。家长是学生最重要的支持系统，当学生面临危机时，父母可以直接提供支持。在本案例中，辅导员需要告知父母学生目前遇到的困难、心理状况、危险程度，邀请父母一起来帮助学生缓减压力，度过危机，必要的时候通知父母来学校陪伴学生，监护学生的生命安全。

（4）班级同学。包括同宿舍同学、班干部、党员、与该同学关系较好的朋友，他们与危机学生是朋辈，更容易沟通交流，同时学习和生活都在一起，能够更快更方便地了解到危机学生的信息并提供帮助。当危机学生有可能出现生命危险的时候，在父母还未到校时，可以组织班级同学给予陪护，确保危机学生生命安全。在本案例中，最先就是由班级同学告知辅导员危机学生的情况，辅导员安排宿舍同学时刻关注。

（5）其他相关人员。在本案例中，毕业设计指导老师、负责教务的老师都是相关人员，可以一起参与这次危机的干预工作和后期的帮扶。

（四）必要时及时转介

危机辅导时间不宜过长，大多数的危机辅导持续时间在20天以内。当危机得以解除后，或者转入正常的辅导，或者转给相关的专业机构（学校心理中心、

精神专科医院)；如果危机学生不适合进行危机辅导或者超出了辅导员的能力，可以直接转介到心理中心或精神专科医院。

七、练习

练习1:人生坎坷路

(1) 每6人为一组。

(2) 每个成员轮流分享自己经历的挫折，分享自己在人生最低谷时的感受，其他成员则认真倾听，了解不同的人在经历人生打击时的想法、感受、行为。

(3) 每组推荐1名代表在大组中分享自己的经历和感受。

(4) 带领者总结个体在人生低谷时的共同点。

练习2:角色扮演练习危机辅导

(1) 每三人组成一个小组，分别扮演辅导员、学生和观察员。

(2) 学生讲述一段可能包含危机信息的经历或故事（可以是自己的一段经历或故事，也可以是别人的经历或故事，但要扮演成当事人以第一人称来讲述)，辅导员利用危机辅导技术完成一段危机辅导的工作过程。观察员认真观察辅导员深度辅导的工作过程。

(3) 学生和辅导员分别分享刚才的过程，自己的体会和感受，以及对所完成的辅导工作历程的觉察。学生分享自己体验到的辅导过程，以及对危机辅导过程的感受。辅导员着重分享自己是如何与学生进行危机辅导工作的，有什么样的感受和思考。观察员报告自己的观察，包括辅导员的工作过程、使用的技术等。

(4) 条件允许的话可以提前录像。回放录像分析演练的过程，可以增强学习。

练习3:案例探讨

(1) 5人一组，每组分发一个危机案例，小组讨论面对这样的情景，辅导员如何有效进行危机辅导。

(2) 危机情景。

情景1:

一任课教师向辅导员反映，大一男生A已经两次没来上课了，与学生微信沟通，学生说："感觉各方面都很有压力，真的感觉挺累；感觉自己要崩溃了，就是一直在死撑，一直在骗自己，感觉快到极限了。总是去伤害自己；平时觉得整个人都像空的一样；最痛苦的时候也想过死，可还是努力克制住了。我可能很久以前就已经没法顺利走下去……”

如果你是辅导员，当接到任课老师这样反馈时，你准备找 A 来进行辅导，你会怎么办？

情景 2：

大二男生 B，已经挂了好几科，面临第二次学业预警。他平常基本不去上课，在宿舍上网（主要看网页和玄幻小说），期末考试没有参加。辅导员打电话基本不接，有时辅导员到宿舍找他也不开门，或者即便开门了，和他说话也没有什么反应。春节放假，同学们都陆续回家了，B 也没有买票。同时同学发现，他在微信签名：不知道是我抛弃了世界，还是世界抛弃了我。

如果你是辅导员，B 是你的学生，了解到这个情况，你会如何与他沟通呢？

情景 3：

同学 C 和女友相恋近两年，刚开始两人感情很好，后来经常吵架。后来又有一男生追求 C 的女友，女友有时也会莫名其妙地失踪几个小时。前一段，女友说要分手。前天他还撞上女友和那个男生有说有笑地在一起，他冲上前去和他们发生了冲突，还声言不能放过这对狗男女。某天早晨起床时，同宿舍同学偶然发现在他褥子下面放着一把一尺多长的刀，同学把这个情况告诉了辅导员。

如果你是辅导员，学生告诉你这个情况，你会怎么做？

情景 4：

同学 E 在朋友圈里写道：今天睡了 15 个小时，（和妈妈）吵架吵了两个小时。今天想喝水两次，想死无数次，由多至少依次是吞药、跳楼、割腕。今天还有 27 分钟就要结束，我又在痛苦里挣扎着多活了一天。

如果现在是半夜 12:00，你看到了这条信息，你会如何处理？

情景 5：

学生 H 来自农村，不喜欢自己的专业，是报高考志愿时随意填报的。来学校后，发现自己什么都不行。前天，补考成绩出来，H 两科补考未过情绪崩溃。现在 H 和一位他信任的任课老师在一起，他不想告诉辅导员，也不想让家长知道。

如果你是辅导员，知道了眼下的情况，你如何应对？

练习 4:典型案例分析

(1) 带领者提前准备一些危机辅导案例，有些是危机辅导比较成功的案例，有些是危机辅导不太成功的案例。

(2) 5 人一组。每组分一个案例。

(3) 小组成员共同探讨小组案例的危机辅导过程，指出其做得比较好的地方和不太恰当的地方。

(4) 团体带领者总结大家的讨论，强调危机辅导的实践步骤。

第十一章

伦理及设置

一、伦理的概述

案例：不能说的秘密

李萌（化名）是一名大二的学生，第一次大班会后李萌找到辅导员，主动告诉辅导员自己失眠已经半年多了，自己去医院看过，也开过药，但因担心药物副作用而停药了，最近自己的睡眠质量非常差，上课没有精神，觉得再这样下去就失控了。李萌不想去学校的心理咨询中心，愿意和辅导员交流，反复交代辅导员不要把自己的情况告诉别人。辅导员为李萌做了一次深度辅导，并约定下周继续。在学工例会上，学院新上任的书记与辅导员座谈交流时，要求把需要关注的重点学生的情况汇报一下，这时辅导员应该如何处理呢？

（一）伦理的定义

伦理是指在处理人与人、人与社会相互关系时应遵循的道理和准则。伦理是人类社会中人与人、人与社会的关系和行为的秩序规范。

助人工作，不管是深度辅导、心理咨询还是心理治疗，都有要遵循的专业伦理。助人工作的专业伦理是心理辅导专业人员与社会大众互动的行为规范，是维持专业生存的重要基础。可以说，助人工作中的专业伦理建设是和心理辅导的各种理论、方法与技术的发展相辅相成的。

（二）助人工作伦理的重要性

1. 为助人者提供指导

助人工作伦理可以规范助人专业人员的专业能力、资格及行为，以保证和提升专业服务的水准，为他们在从事助人工作时提供行为参考。助人工作者对于专业伦理的熟悉和掌握，以及在专业实践中对伦理的遵循，是作为专业助人者的专业素质的体现。面对助人专业工作中的复杂性、变化性以及挑战性，助人工作伦理就像一盏明灯，可以指明工作的方向。

2. 保护助人者和来访者的权益

助人者和受助者都有隐私权，专业伦理的设置可以让他们在有保护的、安全的专业关系中进行工作。此外，被尊重、生命安全、专业的训练或者专业的服务等都是工作伦理可以保护的权益。

3. 增强来访者的信任

没有受助者对我们的充分信任，深度辅导可以说是无从谈起的。而受助者的信任是建立在专业助人者的专业训练、素养和对助人专业伦理自觉遵守的基础上的。助人工作伦理的设置可以让受助者更有安全感，增强受助者对深度辅导者的信任。

案例中李萌的辅导员遇到的问题是很多学生工作者都可能遇到的。心有伦理和心无伦理的情况下，辅导员的工作处理可能会很不同。伦理并不是高深的理论，而是落实在工作实处的细节处理。辅导员向部门领导或者在学工例会上汇报学生的情况是高校管理中的一环，目的是服务于学生和校园安全稳定，最终也是为学生的福祉服务的。然而在实际的工作中，对伦理的遵守又是非常有挑战的。对伦理的学习和领悟可以在工作困境中为辅导员指明方向，保护自身和学生的权益，最终赢得学生的信任。

二、深度辅导的伦理设置

案例：礼物之不能承受之重

任明（化名）喜欢打游戏，一度沉溺，大三下学期挂科严重，达到了15学分。任明的妈妈非常着急，但对孩子也没什么办法，多次打电话给辅导员希望辅导员能多帮帮任明。辅导员约任明进行深度辅导，从任明感兴趣的游戏入手，慢慢与他建立了信任的关系，虽然不能完全改变他目前的行为，但按时起床、吃饭和上课的建议，任明还是尽力去做了。放暑假的前一天任明的妈妈到学校接孩子，为感谢辅导员对孩子的帮助，让任明把她带来的一套化妆品送给辅导员，辅导员应该收下这个礼物吗？

（一）深度辅导的伦理原则

深度辅导属于专业助人工作，其伦理原则可参考心理辅导的专业伦理原则。《中国心理学会临床与咨询心理学工作伦理守则（第二版）》中规定了助人者的如下五大原则，同样适用于深度辅导工作。

善行：辅导员的工作是使学生从其专业服务中获益。辅导员应保障学生的权利，努力使其得到适当的服务并避免伤害。

责任：辅导员在工作中应保持其服务的专业水准，认清自己的专业、伦理及法律责任，维护专业信誉，并承担相应的社会责任。

诚信：辅导员在工作中应做到诚实守信，在辅导实践、研究及发表、教学工作以及各类媒体的宣传推广中保持真实性。

公正：辅导员应公平、公正地对待与自己专业相关的工作及人员，采取谨慎的态度防止自己潜在的偏见、能力局限、技术限制等导致的不适当行为。

尊重：辅导员应尊重每位来访学生，尊重其隐私权、保密性和自我决定的权利。

（二）辅导员的责任和学生的权利

案例：两难的抉择

丽丽是新上岗的辅导员，最近遇到一件棘手的事情，不知该怎么办才好。因为学院人员内部调整，她接手担任了一个毕业班的辅导员，由于之前的辅导员已经转岗，丽丽对班级同学的情况还不太熟悉。她在学生成绩系统中看到有几名同学尚有挂科，其中一名男生林冲（化名）引起了她的特别关注，为此丽丽约了这名同学进行深度辅导。在深度辅导中，林冲透露，他特别记恨某专业课老师，给自己的成绩是59分，这不是故意跟自己过不去吗？如果补考过不了的话，他很想报复这个老师。但他随后又指出自己是随便说说，请辅导员千万要为自己保密。随着毕业临近，从日常课堂观察和同学反馈看，林冲的压力越来越大，丽丽十分担心他会铤而走险，做出极端行为。但又担心自己打破保密原则会失去林冲的信任。她该怎么办呢？

1. 深度辅导中辅导员的责任

辅导员有三大责任，包括专业责任、伦理责任和法律责任。

专业责任主要指辅导员的专业知识技能、人格修养及伦理信念。辅导员要积极学习专业的助人知识，具有深度辅导的专业技能，能有效地提供专业助人服务。辅导员要有良好的人格特质，维持个人的身心健康，能有效地应对压力，具有良好的自我调适能力，以使自己保持良好的身心状态。辅导员应该具备一定的专业伦理意识，比如保密和隐私权，应该不断学习相关的伦理守则，并在处理具体情况时做出恰当的伦理判断，维护当事人的利益。

伦理责任指助人专业人员有表现恰当行为与专业知识能力，以提供给当事人合乎专业与合乎伦理服务的责任。在深度辅导工作中，辅导员应该提供合格的专业服务，保持专业服务水平，对自己的行为承担责任；辅导员应维护学生的基本权益，以学生的福祉作为行为的最终目的。

法律责任指辅导员有遵从法律相关规定，避免伤害学生自身或者其他民众的责任。个人隐私权来自宪法，辅导员必须保护学生的隐私权；学生在接受心理咨询专业服务时沟通的内容应被保密。辅导员有预警与举报以免于学生或其他人受害的责任，例如，学生有伤害自己或他人的倾向时，或者涉及虐待、家暴、性侵等，法律要求辅导员必须及时预警及举报。辅导员自身必须避免违反法律与伦理的言行发生，避免使学生受到伤害。

2. 深度辅导中学生的权利

学生有自主权、受益权、免受伤害权、公平待遇权和要求忠诚权。

自主权指接受助人专业服务的学生有自由决定的权利，自我决定进入或退出，知情同意的程序、保密的伦理要求都是尊重学生自主权的具体表现。尊重学生的自主权，培养其自我决定能力，有赋权给学生的积极意义。

受益权指学生从深度辅导中受益的权利，是最优先考虑的。专业伦理规定在深度辅导中，辅导员的首要责任就是满足学生的需要，保障学生的权益。使学生受益的具体表现有：为其最佳利益着想，维护其人格尊严，促进其人格成长与发展。

免受伤害权指辅导员在提供专业服务时应采取适当措施以避免学生受到伤害，包括要谨言慎行，保持自我觉察，觉察自己的价值观、信念、态度和行为，了解自身的局限性，以不伤害学生的利益为最终目的。

公平待遇权指辅导员在提供深度辅导服务时，不得因年龄、性别、种族、宗教信仰、性别取向、生理残疾、社会经济地位等因素区别对待，应尊重学生的文化背景，尊重学生的福利、尊严、隐私、安全、健康及顾虑，提供恰当的专业服务。

要求忠诚权指学生有权要求被忠实且真诚地对待、有权被尊重与被保密，辅导记录被恰当地记录。辅导员应以学生的福祉为考虑，协助陪伴以助其解决问题，迈向幸福与健康，忠诚对待，不可轻言放弃。

（三）深度辅导的具体伦理设置①

在深度辅导中，辅导员与学生的关系是助人者与受助者的关系，辅导员在辅导的具体过程中亦应遵守专业的助人工作伦理，具体设置包括：

① 中国心理学会临床心理学注册工作委员会标准制定工作组. 中国心理学会临床与咨询心理学工作伦理守则（第二版）. 心理学报，2018，50（11）：1314-1322.

1. 专业关系

为学生福祉考虑：辅导员应按照专业的伦理规范与学生建立良好的专业工作关系。这种工作关系应以促进学生的成长和发展、从而增进其利益和福祉为目的。

平等：辅导员应公正地对待学生，不得因年龄、性别、种族、性取向、宗教信仰和政治立场、文化水平、身体状况、社会经济状况等因素歧视对方。

不伤害：辅导员应当避免伤害来访学生。如果伤害可避免或可预见，辅导员应在对方知情同意的前提下尽可能避免，或将伤害最小化；如果伤害不可避免或无法预见，辅导员应尽力使伤害程度降至最低，或在事后设法补救。

不求回报：辅导员不得以收受实物、获得劳务服务或其他方式作为其专业服务的回报，以防止引发冲突、剥削、破坏专业关系等潜在危险。

价值中立：辅导员须尊重受助学生的文化多元性。辅导员应充分觉察自己的价值观，及其对受助学生的可能影响，并尊重受助学生的价值观，避免将自己的价值观强加给受助学生或替其做重要决定。

杜绝剥削：辅导员应清楚地认识其自身所处位置对受助学生的潜在影响，不得利用受助学生对自己的信任或依赖剥削对方、为自己或第三方谋取利益。

多重关系处理：辅导员要清楚地了解多重关系（例如与受助学生发展恋爱、社交、经济、商业或其他密切的个人关系）对专业判断可能造成的不利影响及损害受助学生福祉的潜在危险，尽可能避免与受助学生发生多重关系。在多重关系不可避免时，应采取专业措施预防可能的不利影响，例如告知多重关系可能的风险、寻求专业督导、做好相关记录，以确保多重关系不会影响自己的专业判断，并且不会对受助学生造成危害。

恰当转介：辅导员认为自己的专业能力不能胜任为受助学生提供专业服务，或不适合与受助学生维持专业关系时，应在和督导或同行讨论后，向受助学生明确说明，并本着负责的态度将其转介给合适的专业人士或机构，同时书面记录转介情况。

专业交流：辅导员与心理健康服务领域同行（包括学校心理中心老师、精神科医师、其他深度辅导员等）的交流和合作会影响深度辅导的质量。辅导员应与相关同行建立积极的工作关系和沟通渠道，以保障寻求受助学生的福祉。

礼物的处理：辅导员应清楚了解收取受助学生赠送礼物对专业关系的影响。辅导员在决定是否收取受助学生的礼物时需考虑以下因素：专业关系、文化习俗、礼物的金钱价值、赠送礼物的动机以及辅导员决定接受或拒绝礼物的动机。

2. 知情同意

辅导员应确保受助学生了解助人者与受助者双方的权利、责任，告知学生享有的保密权利、保密例外情况以及保密界限。辅导员应认真记录深度辅导过程中有关知情同意的讨论过程。

当受助学生同时接受其他心理健康机构的服务时，辅导员可以根据工作需要，在征得学生的同意后，联系其他心理健康机构的相关工作者并与他们进行沟通，以更好地为学生提供服务。

3. 隐私权与保密性

辅导员有责任保护受助学生的隐私权，同时明确认识到隐私权在内容和范围上受到国家法律和专业伦理规范的保护和约束。

在专业服务开始时，辅导员有责任向受助学生说明工作的保密原则及其应用的限度、保密例外情况。

辅导员应清楚地了解保密原则的应用有其限度，下列情况为保密原则的例外：(1) 受助学生有伤害自身或他人的倾向；(2) 不具备完全民事行为能力的未成年人等受到性侵犯或虐待；(3) 法律规定需要披露的其他情况。

遇到保密原则例外的(1)和(2)，辅导员有责任向受助学生的合法监护人、可确认的潜在受害者或相关部门预警；遇到(3)的情况，辅导员有义务遵守法律法规，并按照最低限度原则披露有关信息，但须要求法庭及相关人员出示合法的正式文书，并要求他们注意专业服务相关信息的披露范围。

辅导员应按照法律法规和专业伦理规范在严格保密的前提下创建、使用、保存、传递和处理专业工作相关信息（如个案记录、测验资料、信件、录音、录像等）。辅导员可告知受助学生个案记录的保存方式，相关人员（例如同事、督导、管理者、信息技术员）有无权限接触这些记录等。

4. 职业责任

辅导员应遵守法律法规和专业伦理规范，以科学研究为依据，在专业界限和个人能力范围内以负责任的态度开展辅导或转介。辅导员应不断更新专业知识，提升专业胜任力，促进个人身心健康水平，以更好地满足专业工作的需要。

辅导员应保持自身专业胜任力，充分认识继续教育的意义，参加专业培训，了解专业工作领域的新知识及新进展，必要时寻求专业督导。缺乏专业督导时，应尽量寻求同行的专业帮助。

辅导员应关注自我保健，警惕因自己的身心健康问题伤害服务对象的可能性，必要时应寻求督导或其他专业人员的帮助，或者限制、中断、终止深度辅导服务。

辅导员丽丽遇到的问题涉及辅导员的责任（专业责任、伦理责任和法律责任），也涉及学生的自主权，还涉及专业关系中的恰当转介、知情同意、隐私与保密等伦理设置问题，在这些方面该做出怎样的处理呢？首先丽丽具有专业责任去进一步判断和评估学生林冲是否有伤害他人的风险，是否符合突破保密的条件；如果经过评估，确实存在这样的风险，法律责任要求辅导员丽丽必须及时向相关人员进行预警，如果难以评估风险，按照伦理责任，辅导员需要转介，可以转介到学校心理中心请专业人士协助评估。在知情同意和保密方面，要及时告知学生保密原则和保密例外的情况；鼓励学生发挥自主权，主动疏导情绪，持续为学生提供情感及现实的支持和帮助。

三、学校深度辅导的伦理困境及应对

（一）双重关系困境及应对

案例：推免的机会

志平（化名）是大三的注册困难生，学习非常努力，成绩也在中上水平。最近一个学期志平的压力越来越大，学习成绩有所下降，心情低落。家里母亲生病要花一大笔钱，志平有一份学校安排的勤工助学工作，还自己找了一个兼职来做。观察到他的变化后，辅导员和志平约定每周进行一次深度辅导，并与他建立了很好的辅导关系。最近学院下达了申报推优免费攻读研究生的通知，志平想争取这个机会，他向辅导员提出了推荐自己的请求，辅导员为他写了推荐信，并帮助他争取到了面试的名额。对于这一结果，志平和辅导员都非常高兴。请问辅导员的这一行为是否跨越了界限？

双重关系指辅导员与受助学生进行深度辅导时，同时或者连续扮演两种以上的角色，或与受助学生有辅导关系之外的其他关系。辅导员可能同时肩负教师、管理人员等多种角色，易与被辅导对象形成双重关系，保密的伦理原则很难真正得以实施，容易陷入伦理困境①。

双重关系历来是助人专业伦理的关注话题，相关伦理守则中对待双重关系非常谨慎，理由是要预防双重关系对专业助人者的判断的影响及对当事人的伤害，避免造成不良的后果。学者们同意专业助人者与当事人的亲密关系及性关系是不道德的，但对非性的双重关系却没有特别清晰的共识，意见分歧在于双重关系可能造成的不良影响。

1. 双重关系的影响

深度辅导关系建立的目的是帮助受助学生挖掘自己、剖析自己，进而获得领悟和成长，这是一种专业的、平等的、深入的关系。双重关系的存在会影响深度辅导关系的本质，进而影响辅导的效果。高校辅导员，既是学生的管理者、教育者，又担任深度辅导老师，可能会有意或无意地站在学校和管理者的立场上认识和思考问题，无法完全站在来访学生的角度进行共情；被辅导学生前来接受深度辅导，也可能会不自觉地有所顾虑、有所防御，影响深度辅导的效果。另外，在深度辅导中，辅导员是否要秉承价值中立原则？就专业助人工作而言，从尊重来访者的自主权角度，要做到价值中立；而高校的辅导员承担着大学生的价值观引领的责任，在辅导时难免进行价值引导。在双重关系中，高校辅导员很难做到价值中立，也容易因为重视辅导员角色的责任而忽视深度辅导中学生的利益，影响深度辅导的效果。

2. 如何应对双重关系

当存在双重关系时要遵循以下原则：（1）辅导员应尊守深度辅导工作中的伦理规范，有责任确定和维持清晰的职业界限，建立起安全的深度辅导关系，帮助来访学生真正向内探索，取得不断的成长和进步。（2）辅导员要深知潜在的双重关系可能造成的伤害，保持觉察，尽量避免这些伤害或将伤害降到最低。（3）学会利用双重关系的积极方面。高校辅导员与大学生的日常接触最多，是他们最熟悉、最容易信任的人，大多数同学愿意向辅导员倾诉心事。遇到危机个案，可能涉及学生自身安全或他人安全时，辅导员能快速有效地启动学校心理危机干预网络，联系到家长和学校相关部门。

---

① 郑静，邵荣．论学校心理咨询中的双重关系．思想理论教育（上半月综合版），2009（3）：78-81.

助人工作的成败关键在于专业助人者的客观判断及当事人的信任感，若深度辅导时辅导员始终将来访学生的利益放在第一位考虑，来访学生自然会对辅导员产生信任，有助于建立安全的辅导关系，有助于解决被辅导学生的问题。

学校中双重辅导关系几乎是不可避免的，双重关系并不必然是有害的，正是因为双重关系，案例中的辅导老师才得以深入了解志平的实际情况、学业状况及品质，只要辅导老师的推荐是权限范围内的，并符合申报推优免费攻读研究生的规定，从学生的福祉出发考虑问题，都是符合辅导伦理的。

（二）保密的两难困境及应对

案例：保密的困境

高明（化名）在一所本科高校担任辅导员，该校本学期进行了办公系统升级，学院要求把学生资料都输入管理系统中。这天，高明接待了一个有童年创伤并且性取向为同性的来访学生，在撰写来访学生情感经历部分时，高明想到网络安全员和学院领导有权限看到该记录，他犹豫了，因为严格执行学院的管理规定有泄露学生隐私的风险，因而非常困扰。

1. 保密的困境

专业助人者有责任为来访者保密，来访者也有权利要求专业助人者为自己保密。保密是最重要的伦理课题，也是带来最大困扰、最容易违反伦理守则的问题。赵静波等学者（2009）对全国范围内1000名心理咨询和治疗师进行调查，了解心理咨询和治疗师的知情同意和保密情况，结果发现目前国内的心理咨询和治疗从业者知情同意和保密原则的伦理意识和行为比较欠缺。[①] 朱艳、丁敬耘和顾华（2019）的研究发现辅导员心理健康教育工作伦理意识淡薄，在是否保密、工作界限、角色冲突、利益冲突等方面存在着困惑。[②] 那么，高校深度辅导中辅

---

① 赵静波，季建林，程文红，杨海波．当代中国心理咨询和治疗师的知情同意与保密状况研究．医学与哲学（人文社会医学版），2009（6）：51-53.

② 朱艳，丁敬耘，顾华．高校辅导员心理健康教育工作伦理困境的质性研究．华北水利水电学院学报（社科版），2019，35（2）：42-47.

导员能不能为来访学生绝对保密呢？是否来访学生透露的任何信息都是秘密呢？哪些情况下，要打破保密原则？打破保密原则，会带来怎样的影响？基本上，辅导员的主要责任是维护来访学生的利益，但同时也有保护他人及社会大众利益的责任，当两种利益冲突时，保密权责的持平问题会引起争议。若来访学生的行为对学生自己或他人有潜在危险时，法律规定了预警及保护的法令，以保护第三者的生命安全。这种情况下，辅导员肩负伦理及法律双重责任，需要考虑如何兼顾两者。可以说，高校深度辅导过程中辅导员面临着由国家司法、伦理规范、现代科技和实务需求共同生成的保密困境。

除此之外，高校辅导员承担着行政角色，是学校学工系统的一员。学校作为行政单位，承担安全责任，需要辅导员经常提供一线的学生数据，以监护学生的安全稳定动态。党的十九大报告指出："加强社会心理服务体系建设，培育自尊自信、理性平和、积极向上的社会心态。"心理服务作为一种新的教育形式，已成为思想政治教育的重要组成部分。心理服务中的保密工作是保障心理辅导效果的重要途径。

2. 如何应对保密困境

在深度辅导中，辅导员在保密和上报方面感到处理困难的议题包括：保密的界限在哪里？保密原则与工作要求之间发生冲突时，如何兼顾？保密的两难困境不可避免的情况下，该如何应对呢？这些关于保密的伦理困惑并不一定都能得到确定的答案，但作为辅导员，要尽可能地学习保密的伦理，最大限度地维护学生的隐私权。

首先，需要明确保密的范畴。保密的范畴包括对来访学生的资料和记录保密。专业助人者收集到的所有关于来访学生的资料，例如个人生活和家庭状况、个人成长过程及个人恋爱、情感、交友等情况，均在保密之列。本着尊重、保护来访者个人隐私的态度，深度辅导过程中的有关信息，包括个案记录、测验资料、信件、录音和其他资料，均属专业信息，都将在严格保密的情况下进行保存。未经来访学生同意，绝不可将这些个人资料泄露给他人，包括来访学生的亲属。因此，要做好档案管理工作，要谨慎保管学生的深度辅导记录，记录人要承担保管保密的责任。

其次，充分地知情同意可以弥补隐私权保护不足的问题，降低保密例外的风险。辅导员可以通过口头或书面的方式让来访学生对深度辅导进行知情同意，明确告知来访学生在学校情境下保密的范围及保密例外的条件，来访学生充分理解后，选择是否继续深度辅导。

重要的是，加强专业伦理培训，辅导员内心有保密的伦理意识，明确保密对于深度辅导效果的重要性，明白保密失败对辅导关系的破坏性，定期研讨违反保密伦理的案例引以为戒，确保不会因为工作压力、案例困难等因素导致泄密。

上述案例中，辅导员高明遇到的伦理困境在高校中是十分常见的，学校出于安全管理的考虑，需要了解学生的状况，保障学生的安全稳定，同时学生有隐私不被泄露的权利。高明一方面要按照学校对辅导员的要求，录入学生的资料，一方面要考虑记录的安全性。值得肯定的是，高明具有保密的伦理意识，但要录入的系统还涉及其他学工人员。作为合格的学生工作队伍成员，对学生隐私的尊重和保护是基本的专业素质。高明可以在记录的撰写上注意不暴露过多的细节，同时也可以和相关人员沟通保密事宜，以降低泄密的风险。

（三）专业胜任力不足的困境及应对

案例：新辅导员的焦虑

刘浩（化名）是今年新入职的辅导员，他很喜欢与学生打交道。他自己是一名“90后”，刚毕业参加工作，大学的时候还担任过学院的学生会主席，对当前的这份辅导员工作他充满了信心和热情，准备在新的岗位上大展身手。然而一个学期下来，刘浩却倍感压力。作为一名辅导员，需要开展一项常规工作——深度辅导。刘浩出身工科专业，入职后参加深度辅导培训的机会不是很多，加上日常事务繁忙，对深度辅导的理论和方法都不熟悉，以至于在开展深度辅导工作时，他总是觉得无法走近学生的内心，学生的表现也不积极。据同学的私下反馈，大家对于刘浩的深度辅导并不认同。为此，刘浩颇为焦虑。

刘浩遇到的问题是很多新辅导员的共同困惑，辅导员是一项非常专业化的工作，然而现实中多种因素阻碍了辅导员的专业提升。对此，该如何应对呢？

1. 专业胜任力不足的困境

辅导员专业胜任能力不足包括：辅导员的深度辅导技能不足，对心理问题程度的判断和处理能力不足，缺乏督导和专业培训。

辅导员的深度辅导技能不足：深度辅导是一门专业性很强的工作，它不仅要求辅导员有发现问题和解决问题的能力，还必须掌握心理学、教育学、社会学的相关知识。目前一些高校辅导员没有接受过系统的培训，即使进行了一定的岗前培训，多以教授理论知识为主，很少开设实践课程，没有建立起一套有效的培训措施。辅导员缺乏一定的职业技能，在进行深度辅导时容易把辅导变成单纯的说教，影响了帮助学生的效果。此外，辅导员的工作有一定的特殊性，工作范围比较广泛，如学生的生活、活动、情感、就业等方面，任何一项工作的完成都需要学生的配合，这就使得辅导员将大量的时间和精力投入日常事务中，忽略了专业辅导技能的学习。

心理危机的鉴别和处理能力不足：心理危机预防和干预工作的专业性很高，要求辅导员具有较高的综合素质和较强的专业知识。而大部分辅导员没有经过系统的学习和培训，对心理危机的识别、判断能力较弱，不能很好地区分学生存在的问题是思想问题还是心理问题，问题的严重程度如何，危机风险有多高，因此工作中缺乏有针对性的预防和干预。

专业督导和培训不足：高校辅导员承担着繁重的学生日常管理或行政工作，他们没有更多的时间学习专业助人的技能，也没有足够的时间和资源进行案例督导和个人成长。

2. 如何应对专业胜任力不足

一是要提升辅导员的深度辅导技能：《国家中长期教育改革和发展规划纲要(2010—2020年)》明确提出，要切实加强和改进大学生思想政治教育工作，加强辅导员队伍建设，增强德育工作的针对性和实效性 。这对提升辅导员的工作能力提出了新的要求。“深度辅导”概念是2009年北京市委教工委在下发的《北京市大学生思想政治教育专项督查工作方案》中首次提出的，方案中要求广大辅导员要开展面向全体、针对问题、科学指导、整合力量的深度辅导工作的要求，确保每名学生每年都能得到至少一次有针对性的深度辅导，做到因材施教。因此，深度辅导能力逐渐成为对辅导员的职业化要求，根据岗位的职责和要求，辅导员要从理论提升和工作实践两个途径有意识地提升自身的深度辅导能力。理论上，深度辅导其实是一种谈心技术，可以借鉴和学习心理咨询、心理辅导领域的理论和技术，可以通过参加专业和系统培训、阅读专业书籍、学习相关视频音频资料进行理论提升，也可以通过同辈小组共同学习。当然，辅导员的深度辅导能力不仅仅是个人的事情，辅导员是学校落实思想政治工作的重要角色，提升辅导员的深度辅导能力，最终受益的是学生，这与学校育人的目标是一致的。辅导员深度辅导能力的提升也与所在学校、学院的重视、支持分不开，搭建深度辅导能力提升的平台，引入丰富、优质的学习资源，才可能带来个人和系统的共同发展。工作实践上，要深入学生，理解学生的心理需要，了解自身的优势，不断发展适合自己和学生的深度辅导方式。

二是要提升心理危机的鉴别和处理能力：2014 年教育部发布的《高等学校辅导员职业能力标准（暂行)》中，明确将“处置学生危机事件”列为辅导员职业能力的一项重要内容。辅导员作为学生工作的一线教师，在高校危机干预体系中扮演着重要角色。辅导员参与学生心理危机处理的全程，承担着危机识别者、危机处理转介者、危机事务处理参与者、危机干预事后追踪者等角色。辅导员对于学生心理危机的鉴别及处理能力是高校辅导员队伍建设专业化、职业化的要求。一方面，辅导员要掌握危机干预的相关专业知识和技能，另一方面辅导员要培养自身沉着、冷静的心态，学会与学生建立真诚、持续的关系，成为学生在危机状态下可以信赖的朋友，与学生形成稳固的工作联盟，帮助学生化解成长中的危机。

三是要增加专业督导和培训：深度辅导工作的专业性要求辅导员加强专业学习，提高深度辅导的理论知识水平和实践运用能力。充分的专业督导可以帮高校辅导员认清自己的角色，保持对双重关系的警觉，设定清晰的职业行为边界，减少双重关系的不良影响。通过开展专业专题培训和建立督导与反馈机制等途径，不断提高辅导员的工作技能，可以提高深度辅导的科学化水平。

上述案例中的刘浩作为一名新入职的辅导员，由于专业并非心理教育类，不具备深度辅导的专业能力，而工作中面向学生开展深度辅导又是一项必然的要求，这对他的专业胜任力提出了巨大的挑战。选择辅导员作为岗位，要做到尽快准备好自己，通过各种专业培训和自我学习，掌握深度辅导技术，具备心理危机的鉴别与处理能力，对学生和自己负责。

第十二章 辅导员自我关爱

一、辅导员自我关爱概述

（一）辅导员的困惑与烦恼

1. 职业专业性不强，工作内容过于杂乱

高校辅导员的工作是很有竞争力的，对于工作能力和综合素质的考查也是非常严格的，可以说，聘任到辅导员岗位上的学生工作者都具有较强的工作能力。但是，当真正进入工作后，只要与学生相关的工作，都需要辅导员去完成，工作内容很宽泛。各项杂乱无章的工作大大分散了辅导员的精力，降低了辅导员工作的专业性。

2. 职业定位不明确，职业认同感不强

高校辅导员既无法和专业任课教师相比，又不同于纯粹的行政管理者。在职业发展上，因为定位不明确，究竟是走行政路线还是职称路线，成为很多辅导员的困惑。走行政路线，管理经验不足，资源有限；走职称路线，课时不足、科研成果不足，又无法和专业教师相比。许多高校在绩效考核、评价机制上，对辅导员的考核要么按照专业教师的要求进行，要么按照行政管理人员的要求进行，这或多或少都与辅导员的实际工作不符，严重影响了辅导员职业的认同感。

3. 工作付出多，学习提升少

思想理论教育和价值引领、党团和班级建设、学风建设、学生日常事务管理、心理健康教育与深度辅导、网络思想政治教育、校园危机事件应对、职业规划与就业创业指导、理论和实践研究，都是辅导员工作职责的内容。用一个关键词形容辅导员的生活，那就是忙碌；用一种标准来形容大家对辅导员的期待，那就是万能。作为联结学生与学校各个部门的桥梁，高校对辅导员的工作的要求是24小时不关机，随时处于待命状态，加班是常态。忙碌的工作中，缺少与之相对应的培训提升。尤其是深度辅导工作，它是一项专业性的助人工作，需要辅导员具有一定的专业知识和工作技能，然而许多辅导员并不一定具有心理学、教育学或社会工作的专业背景，这意味着他们需要付出更多的时间去提升自身的深度辅导能力。

（二）辅导员职业倦怠的现状

诸多研究表明，目前部分高校辅导员职业倦怠感已达中等以上。[①] 山东省三所高校的57名青年辅导员群体轻度倦怠的检出率为21.1%，中度倦怠为26.3%，高度倦怠为12.3%，青年辅导员群体的倦怠水平较高。[②] 高校辅导员作为高校的特殊群体，工作“繁、细、碎”，随时处于待命、24小时手机待机的持续应激状态使辅导员精神持续紧张，难以得到彻底放松，“上面千条线，下面一根针”，工作与生活没有边界，久而久之，必然产生职业倦怠。辅导员多是刚毕业的年轻人，在高校系统中与专业课教师相比，通常有着较低的社会地位与较低的认可程度，甚至得不到学生和家长的重视和认可，在职称评聘、进修培训、发展机制等方面严重缺乏制度保障，这必然引起他们对未来职业生涯的迷茫、对职业发展空间的质疑。这些都导致他们的职业倦怠。[③]

高校辅导员体验到职业倦怠后容易降低对学生的细心和耐心程度，对管理工作丧失热情，无法主动、积极地投入本职工作中。这必然会阻碍正常工作的开展，影响学生的健康成长，也影响辅导员自身的身心发展和职业成长。

（三）辅导员自我关爱的重要性

《中共中央关于构建社会主义和谐社会若干重大问题的决定》提出，注重促进人的心理和谐，加强人文关怀和心理疏导，引导人们正确对待自己、他人和社

---

① 黄丽娟，汪勇．高校辅导员职业倦怠表现、成因及对策探析．广西社会科学，2018（1）：217-220.

② 王晓刚，张海燕．烟台市高校辅导员职业倦怠研究．管理科学文摘，2006（12）：36.

③ 王杨杨．新形势下高校辅导员职业倦怠及其对策探析．长春：东北师范大学，2012.

会，正确对待困难、挫折和荣誉。加强心理健康教育和保健，健全心理咨询网络，塑造自尊自信、理性平和、积极向上的社会心态。

高校辅导员是大学生思想的引路人、对大学生进行思想政治教育的主力，在大学生的成长过程中充当了非常重要的角色。但助人的过程本质上是辅导员与来访学生双向互动、平行成长的交互关系。这意味着辅导员同样是不容忽视的普通人，同样需要自我维护、自我关爱和自我发展。给别人一瓢，自己要先有一缸。照顾好自己的身心健康，才可能拥有稳定、成熟的心态，承担自己的岗位职责，在大学生思想政治工作中扎下根来，发挥育人功能，同时实现自己的职业抱负，为未来职业发展打下坚定的基础。

二、辅导员自我关爱的内容

（一）辅导员的压力管理

辅导员是高校行政管理的骨干和中坚力量，承担了学生的管理、服务和教育等职能，学生管理工作事无巨细，涵盖的内容杂而多，学生的资助、入党、评奖评优、出国、社会实践、考研就业、社团活动、心理困惑等，都离不开辅导员的参与和付出。辅导员的多重职责，导致其承受了较重的压力。对这个群体来说，压力管理不仅关系着自身的心理健康，而且关系着广大大学生的心理成长。

辅导员的压力管理包括觉察压力、认识压力以及压力调适。

1. 觉察压力

压力是人们在面对自己不熟悉的情境时所产生的反应。引起压力的不是情境本身，而是人们对这种情境的解读。人们在评估了情境后，如果觉得凭借自己的能力和资源不足以应对问题，或是应对起来会很艰难，就会感到有压力。因此，“感到有压力”本质上是一种主观的心理状态。

辅导员的压力源有工作压力、家庭压力、社会压力等。

人在压力状态下，会出现一定的生理反应和心理反应，这些身体和心理信号提示我们要关注自己的压力水平。

压力的生理反应，主要表现在自主神经系统、内分泌系统和免疫系统等方面，例如，心率加快、血压增高、呼吸急促、激素分泌增加、消化道蠕动和消化液分泌减少、出汗等。

压力的心理反应，包括认知反应（可能降低或提高注意力、工作能力和逻辑思考能力）、情绪反应（焦虑、不安、恐惧、易怒、攻击性、无助、工作成就感降低）和行为反应（生产力降低或提高、行为慌乱、易发生意外事件）。

2. 认识压力

压力通常被认为对人体有害，可引起种种疾病，如神经衰弱、溃疡病等，但压力其实是一把有好有坏的双刃剑。适度的压力其实可以激发人的潜能，让人高效率地完成任务，帮人更好地应对生活的挑战。适度的压力水平可以激发人的热情、敏锐度，让人充满干劲，从而获得最好的绩效。见图 12-1。

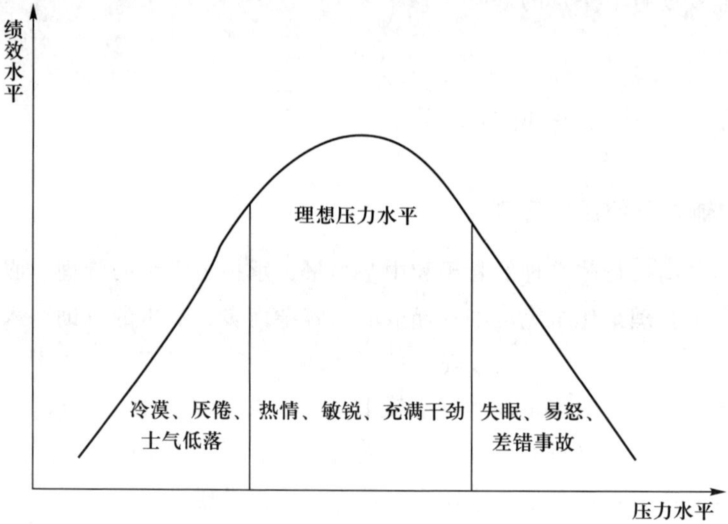

图 12-1　压力水平与绩效水平的关系

最新的研究显示，压力对人的影响，取决于个体的认知方式。相信压力有促进作用的人，比那些认为压力有害的人，更少抑郁，对生活更满意。他们有更多活力，更少健康问题。他们更快乐，工作更高产。他们与压力的关系也有所不同：更乐于视压力状况为挑战，而不是打垮自己的问题。他们对自己搞定挑战的能力更自信，更善于在困难情境中发现意义。

辅导员在日常工作中，不要忽视压力的存在，要相信压力可以转化为动力，激励自己以它作为动力的来源。

3. 调适压力

在面对压力时，人们可能呈现出的状态大致分为四种：战或逃、僵死或服从。这提示人们可以根据具体的情境，灵活地运用不同模式来应对压力。当有希望战胜压力时，个体需要全力以赴，为实现目标而争取（战）；当坚持可能带来更大的伤害时，个体要能果断及时止损（逃）；当压力过大时，可以多给自己一些时间休息（僵死）；当自己感到不知所措时，个体需要和压力源交流协商，更好地了解压力源（服从）。

当我们不知道最适合自己的减压方式是什么时，可以多尝试。比如：尝试看一场电影，尝试看一本最喜欢的书，尝试看一场最喜欢的演出，尝试去旅游一段时间，等等。还可以尝试：

（1）写出压力：研究发现，连续5天写出压力，可以最大程度地降低焦虑；而持续地向一个小伙伴说出压力，相比写出来或回避压力的方式，更可能对人际关系有伤害。倾诉的减压效果取决于是否能从倾诉对象那里得到需要的情感支持以及自身对于压力的重新评估（积极或中立的）。

（2）运动减压：运动能缓解压力是有科学依据的，当运动达到一定量时，人的身体就会产生一种叫作“内啡肽”的激素，这种激素被称为“快乐因子”，能愉悦神经，把人的压力和不愉快带走。通常来说，有氧运动能使人全身得到放松。想通过运动缓解压力，可以参加一些缓和的、运动量小的运动，使心情先平静下来，如跳绳、跳操、游泳、散步、打乒乓球等。运动时间可掌握在每天半小时左右。

（3）社交减压：好的社交活动和对象也能有效地缓解压力。不过，不是所有的社交都能让人放松。建议放松时，找自己信任、熟悉的朋友们，和他们聚在一起。有时你们不必一直聊天，即使待在一个空间里也会有放松和安抚的效果。如果你们想要聊天，注意不要谈论工作等会引发紧张的内容（所以说，下班后和同事去喝酒聊工作并不是一种放松）。

减压的方法有很多，你可以都试试，最终一定能发现最适合自己的减压方法。

（二）辅导员的情绪管理

辅导员是情绪劳动的高负荷者，平时既要承受学生的不良情绪，又面临着多种角色冲突，情绪波动较大。现代医学研究表明：积极乐观的情绪能激发人体下丘脑的“快乐中枢”，令人精力充沛、思维敏捷、效率提升。有效的情绪管理能使辅导员保持积极的情绪，在繁重的学生工作中保持旺盛的精力。

1. 认识情绪

情绪包括三种层面：在认知层面上的主观体验，在生理层面上的生理唤醒，在表达层面上的外部行为。当情绪产生时，这三种层面共同活动，构成一个完整的情绪体验过程。

主观体验：情绪的主观体验是人的一种自我觉察，即大脑的一种感受状态。人有许多主观感受，如喜、怒、哀、乐、爱、惧、恨等。人们对事物的不同态度会产生不同的感受。人对自己、对他人、对事物都会产生一定的态度，如对朋友遭遇的同情，受到不公平对待的愤怒，事业成功的欢乐，考试失败的悲伤。

生理唤醒：人在情绪反应时，常常会伴随着一定的生理唤醒，如激动时血压升高，愤怒时浑身发抖，紧张时心跳加快，害羞时满脸通红。脉搏加快、肌肉紧张、血压升高及血流加快等生理指数，是一种内部的生理反应过程，常常是伴随不同情绪产生的。

外部行为：情绪作为一种内心体验，一旦产生，通常会伴随相应的非言语行为，如面部表情和身体姿态等。一些心理学家在研究人类交往活动中的信息表达时发现，表情起到了重要的作用，如人悲伤时会痛哭流涕，激动时会手舞足蹈，高兴时会开怀大笑。伴随情绪出现的这些相应的身体姿态和面部表情就是情绪的外部行为。它经常成为人们判断和推测情绪的外部指标。

2. 觉察情绪

每个人的情绪都处于不断变动的状态中，对情绪的觉察是一种能力，这种能力也是情商的体现。情商最基础的能力是：正视和辨识自身感受，并以此引导行为。情商低的人，对自己的情绪后知后觉，被情绪俘虏而不知情，任由情绪绑架理智。情商高的人，情绪爆发的时候也能保持自省，能敏锐察觉自己的情绪，并用理性的力量去管理情绪。觉察情绪是情绪管理的前提，是简单、容易被忽略但极其关键的一步。那么，如何做到对情绪的觉察呢？

第一步，留意自己的情绪，并且准确地说出是哪种情绪。要分清想法和情绪，如懊悔自责是情绪，“我不该这么做”是想法。

第二步，找到情绪发生在身体的哪个部位，感受身体哪里痛、哪里难受。

第三步，留出情绪空间，给自己和别人停下来观察自己情绪的时间和空间。

课堂练习 1：情绪觉察记录表。

每天晚上睡觉前，回顾一下今天发生的事情，把最容易引起你情绪波动的事情记录下来，分为对事件的陈述、这个事件引发了哪些情绪，导致的结果是什么，可以参考下面的例子。

	星期一	星期二	星期三	星期四	星期五	星期六	星期日
事件	举例：上课被老师点名回答问题，答得不太好						
情绪	沮丧						
结果	上课走神						

3. 调适情绪

如果说情绪是奔腾的“洪水”，那么理智就是一道坚固的“闸门”。理智调适法就是用理性的意识管理非理性。情绪 ABC 理论的创始者艾利斯认为：我们常有的一些不合理的信念，使我们产生情绪困扰；如果这些不合理的信念长久持续，还会引起情绪障碍（详见本书第一章）。例如：有一个人，几年前跟朋友合伙做生意，运货的船突然遭遇海上的风浪，他们所有的财产与梦想也随之坠入了海底。他从此灰心丧气，愁眉不展，怨天尤人。可是，他发现他的朋友居然活得有滋有味，于是就去问朋友。朋友说：“你咒骂，你伤心，日子一天天地过去；你快活，你欢乐，日子也一天天地过去，你选择哪一种呢？”

课堂练习 2：情绪调适记录表。

情绪调试记录表可以帮助大家对自己的情绪、信念及调适过程进行管理，具体方法是：记录客观发生的事件，事件发生后内心的信念或想法是什么，带来的后果是什么，什么可以替代原有信念，新的后果是什么。

事件 A	信念 B_1	结果 C_1	替代信念 B_2	结果 C_2
举例：我期末考试挂科了一门	我的学习能力太弱了	自责、自我怀疑、难过	挂科帮我发现了专业学习中的薄弱之处，提示我还要更努力	更多的学习投入、平常心

三、辅导员自我关爱的方法

（一）专业充电：学习与培训

《普通高等学校辅导员队伍建设规定》（第43号令）中明确规定辅导员是开展大学生思想政治教育的骨干力量，是高等学校学生日常思想政治教育和管理工作的组织者、实施者、指导者。辅导员应当努力成为学生成长成才的人生导师和健康生活的知心朋友。这对辅导员的专业素质提出了很高的要求和挑战。2009年，中共北京市委教工委提出，要加强高校辅导员的深度辅导工作。至今，深度辅导还是新生事物，尚处于探索和发展阶段。调查研究发现，深度辅导的次数容易达到标准，但深度辅导的效果还有很大的改进空间。有效的深度辅导对辅导员的思想政治觉悟和心理辅导能力都提出了较高的乃至专业化的要求。

深度辅导专业化发展指辅导员能够在学生的思想政治教育、心理健康、学业发展、职业发展等方面给予科学的指导，帮助学生解决学习、生活、工作和发展方面遇到的实际困难。实际上，有一部分高校辅导员是刚毕业的保送生或在读研究生，没有心理学、管理学和教育学背景，在心理辅导上略显薄弱，一定程度上影响了辅导员与学生的沟通与交流。专业知识的缺乏往往造成辅导员的“本领危机”与“职业疲倦”，降低了深度辅导的实效性。针对这样的现状，需要通过专业培训加强辅导员的专业性，以提高深度辅导的效果。辅导员可以结合自身专业背景，有选择性地在思想政治理论素质、心理学、管理学、社会学、人力资源管理学与职业规划等方面自主学习、进修或培训，提升自己的专业化水平。

有关辅导员在深度辅导技能提升方面需要做的内在和外在的准备，请大家参阅本书第二章的相关内容。

（二）心理充电：幸福感的提升

积极心理学是研究如何获得幸福的学科。积极心理学从关注情感体验的幸福观向关注人生丰盈蓬勃发展的幸福观转变。PERMA模式是塞利格曼教授提出的一种崭新的幸福感理论的框架，它包含5个幸福感的组成要素：积极情绪（positive emotion）、投入（engagement）、人际关系（relationship）、意义（meaning）和成就（accomplishment）。拥有了PERMA的这5个要素，人们就可以拥有自己的快乐，享受蓬勃的人生。①

1. 积极情绪

积极情绪是由可以满足个体需求的事件引起并且伴随着喜悦情感体验的一种情绪状态，如快乐、愉悦、欣喜等感受。心理学界掀起了积极情绪研究的热潮，取得了一系列的实证研究成果，对于人们更好地生活、工作和学习起到了科学指导的作用。对于辅导员来说，情绪并不仅仅是个人的内心体验，它还作为一种教育手段和教育内容，直接或间接地作用于教育对象。因此，辅导员提高情绪调节能力，尽量使自己处于积极、乐观的状态，既是对自己的生活质量负责，也是为学生提供正向的模仿对象。

芭芭拉·弗雷德里克森研究积极情绪20多年，分享了积极情绪的多种多样的表现形式，比如喜悦、感激、宁静、兴趣、希望、自豪、逗趣、激励、敬佩和爱②。弗雷德里克森提出了积极情绪的扩展-建构理论，提出积极情绪不仅可以充分反映个体的幸福，而且有利于个体的健康成长，它具备持久的适应价值功能。积极情绪拥有两大功能：第一，瞬时的拓展功能，可以拓展个体瞬时的思维-行动范畴；第二，长期的建构功能，可以为个体建构长久的社会资源。有研究者进行过一项实验，将被试随机分为三组，一组体验逗趣或宁静，一组体验愤怒或恐惧，最后一组体验中性的感觉——毫无特殊性的感受。让这三组被试带着所体验的感受，列出他们当前想要做的事情。结果发现，感受到逗趣或者宁静的人，他们列出的单子比其他两组都要长。可见，积极情绪为思维打开了更多的可能性。在生活中体验更多积极情绪的人，更能够以一种开明的方式应对逆境，他们会看见更多的解决办法。

积极情绪的益处毋庸置疑，那么如何才能提升积极情绪呢？

（1）发展辅导员的个人优势。心理学研究表明，寻找、应用优势可以显著而持久地提升积极情绪。优势是一种预先存在的能力，每个人都有自己独特的优势，即使完成同样的任务，每个人应用的优势也是不同的。学会利用我们的优势，每天都有机会做自己最擅长的事情，更容易感到幸福。

（2）关注做事的过程而不只是结果。辅导员每天都面临着许多需要处理的

---

① ［美］马丁·塞利格曼．持续的幸福．赵昱鲲，译．杭州：浙江人民出版社，2012：14-19.

② ［美］芭芭拉·弗雷德里克森．积极情绪的力量．王珺，译．北京：中国人民大学出版社，2010：38-55.

事情，不一定所有的事情都有理想的结果。抱着“玩得开心（Have fun）”的心情去做事情，享受做事本身的乐趣胜于得失输赢。花时间花精力花耐心去对付一件小事情，把一个小小的喜欢、一点小小的感动，稍稍扩大些来做。

（3）主动关注生活中的积极事件。提高积极情绪的另一种策略是从事情中寻找好的方面，将积极的事物变得更加积极。塞利格曼的研究认为，耗费少的练习且效果更持久的快乐方法，就是“三件好事”，即每天写下三件喜事以及它们的起因和过程。他认为，快乐是因为做了快乐的事情，当你把某一件事情做好了，你对自己的行为感到满意，你就会快乐，不去行动，只是思考和感受是不会快乐的。辅导员可以每天记录自己的生活喜事，或者每天跟家人分享生活喜事，不仅会让自己感受生活的美好，降低不良情绪的出现概率，还可以营造积极的家庭氛围。

（4）生命在于运动。运动有明显的提升情绪的效果。研究证明，患抑郁的人从事散步、跑步和力量训练等运动，每周 3 次，每次 20 ~ 60 分钟，5 星期后抑郁会明显减轻。辅导员日常工作压力较大，在运动中不仅可以减压，还可以体验快乐、释放压抑感、满足享受需要，这些都是积极情绪的体验。

（5）享受自然环境。自然环境可能与社会环境一样重要。因此，在明媚的好天气里外出也是提高你的积极情绪的简单方法。研究中每一个在好天气里在户外至少待上 20 分钟的人，都表现出了积极情绪的增长和更加开阔的思维。

2. 投入

米哈里·契克森米哈赖在《心流：最优体验心理学》[①] 一书中写道，全力以赴地忘我地投入做一件事情，就是一种“心流（flow）现象”，有人称之为“福流”或“涌流”，指的是完全沉浸在一项吸引人的活动中，时间好像停止，自我意识消失，体验到投入带来的充实幸福的感觉。一个人如果能够在生活中有投入、情感卷入和专注的感觉，就会体验到幸福。辅导员可以通过沉浸在自己喜欢的活动中激发幸福感；可以通过回忆过去在大自然中活动的体验，回忆给自己和家人带来愉快体验的活动，觉察自己投入程度最多的活动或者最能让自己身心放松的活动。

3. 人际关系

积极的人际关系是实现蓬勃人生的必要条件，良好的人际关系是人类幸福的基石。Robert Waldinger 是哈佛大学医学院麻省总医院精神科医师和哈佛成人发

① ［美］米哈里·契克森米哈赖．心流：最优体验心理学．张定绮，译．北京：中信出版社，2017.

展研究所第四任所长，他分享了哈佛追踪 724 名男性 75 年的实验结果：什么样的人生才是美好的人生？什么样的生活能给你带来持久的幸福感？不是金钱，也不是名誉，而是良好的人际关系让我们更快乐、更健康。

建立良好的人际关系，要学会去帮助别人。辅导员之间可以互相给予情感支持，保持积极的工作配合和融洽的人际关系，以激发幸福感。

课堂练习 3：感恩拜访。

（1）想出一个依然健在的人，他或她多年前的言行曾让你的人生变得更美好，你从来没有充分地感谢过他或她。

（2）给这个人写一封感恩信，回顾他或她为你做过的事以及这件事如何影响到你的人生。

（3）写完这封感恩信后打电话给这个人，告诉他你想要拜访他或她，但是不要告诉他或她再次见面的目的。

（4）见到他或她以后慢慢地念你的信，并注意他或她和你自己的反应。如果在你念的过程当中他或她打断了你，那你就告诉他或她，你真的希望他或她先听你念完。

（5）在你念完之后，你们就可以交流彼此的感受了。

4. 意义

意义指归属于和致力于某样你认为超越自我的东西，意义不是单纯的主观感受，而是一种对他人、对社会、对自己有价值的行为。幸福感的要素之一就是发现积极的意义。可以通过把日常行为与长远目标结合起来，给生活、工作赋予意义，用帮助别人的利他行为增加生活的意义。

辅导员工作在大学生思想政治教育的第一线，对大学生的成长成才起着至关重要的作用，是每位大学生大学期间思想、学习和生活的导师，承担着帮助学生成长、成才、成功的重大责任。《关于进一步加强和改进大学生思想政治教育的意见》，对辅导员的角色地位定位提出了新的要求，从单一的政治引路人转变成学生健康成长的指导者和引路人，集教育者、管理者、服务者、协调者和研究者等角色于一体。辅导员的一言一行都对学生有着潜移默化的作用，通过自己的工作去帮助、影响、激励大学生，在为社会创造价值中体验到工作的意义。

5. 成就

成就（或成绩）往往是一项终极追求，成就满足了我们追求自我价值实现的需求。幸福并非仅仅来自大的胜利或大的成就，日常生活中的点滴进步和成绩获得更是满足我们的成就感的重要途径。

课堂练习4：我的成就。

在这个练习中，你可以分不同的领域来记录你的成就表现是什么，获得这个成就的原因是什么。通过这个练习，你可以看到自己点滴的进步，提升自己的成就感。

	成就表现	获得成就的原因
生活领域	例如：学会了一道新菜品	乐于学习新技能
工作领域		
娱乐休闲领域		

（三）能量充电：学会关爱自己

1. 关注自己的身体

身与心是一体的，情绪的波动会影响身体健康。《黄帝内经》中对心情与身体的关系进行了详细的阐述，怒伤肝，喜伤心，思伤脾，忧伤肺，恐伤肾。百病皆生于气也，怒则气上，喜则气缓，悲则气消，恐则气下，惊则气乱，思则气结。辅导员要学会通过身体的信号对自己的状态进行觉察，主动关爱自己的身体，通过对身体的关爱进而照顾好自己的情绪。《身体知道答案》① 的作者表述了这样的观点：身体是最诚实的，它是心灵的镜子。比如人在焦虑或压力大的时候，可能会出现过量饮食的行为；一个人在失去心爱的物品或关系时，可能会寝食难安，不自觉流泪等；一个人在生气或愤怒时，不自觉会紧握拳头、皱起眉头等。这些都是情绪的信号，是心理状态的一种反映。当一个人长期处于某种心理状态中，在日常作息和饮食规律上、在身体的感受上也会有反应。通过关注身体，可以及时捕捉到这些信号，对自己的身心状态有更清晰的认知。更重要的是，可以通过对身体的照顾，实现关注心灵、满足心灵和滋养心灵的目的。

2. 关注自己的心灵

我们毕其一生的修行，无非是接纳与完善自己。接纳自己的不足，发挥自己的长处，你就是一个完整的人。每个痛苦的人心中都有两个我，一个不完美的

① 武志红．身体知道答案．厦门：鹭江出版社，2013：35.

我，一个完美的我。不完美是人的本性，因而这个我是真实的。自我接纳就是允许自己犯错，允许自己的某些方面不完美。要做到接纳自己，首先要了解自己，一个人越了解自己，越能发现自己的独特性和优势。

（1）列出对你来说重要的事物、人、情感和活动，明确自己真正喜欢的、需要的是什么，适当地满足自己的需要。

（2）尝试不同的活动，发现自己喜欢什么和讨厌什么，尊重自己的喜好。

（3）给自己积极的心理暗示，例如，我真的很不错！我比之前有进步！

（4）每一天，请在内心给自己一个温暖的拥抱。

（5）开始学着爱自己，爱自己的身体，爱自己的思想，爱自己的心灵。

（6）学会感恩。列一份你感谢别人的理由的清单，表达你对他的感谢。有时候并不需要感谢特定的某人，你可以对每一天怀有感恩，因为你可以感谢生活，感谢今天又是新的一天！

参考文献

[1]［美］Lawrence M. Brammer, Ginger MacDonald. 助人关系：过程与技能（第八版）. 张敏，潘燕华，王锦霞，范红霞，译. 北京：高等教育出版社，2009.

[2]［美］大卫·凯恩. 以人为中心心理治疗. 高剑婷，郭本禹，译. 合肥：安徽出版社，2012.

[3]［美］Barry A. Farber, Debora C. Brink, Patricia M. Raskin. 罗杰斯心理治疗——经典个案及专家点评. 郑钢，等，译. 北京：中国轻工业出版社，2018.

[4]［美］Barbara F. Okun. 如何有效地助人——会谈与咨询的技术（第六版）. 高申春，魏连娣，冯晓杭，译. 北京：高等教育出版社，2009.

[5]［美］克拉拉·E. 希尔. 助人技术：探索、领悟、行动三阶段模式（第3版）. 胡博，等，译. 北京：中国人民大学出版社，2013.

[6]［美］艾伦·艾维. 心理咨询的技巧和策略——意向性会谈和咨询. 时志宏，高秀苹，译. 上海：上海社会科学院出版社，2015.

[7]［意］伊娃·帕蒂斯·肇嘉. 沙盘游戏与心理疾病的治疗. 张敏，刘建新，蔡成后，译. 北京：中国人民大学出版社，2014.

[8]［美］John Sommers-Flanagan, Rita Sommers-Flanagan. 心理咨询面谈技术. 陈祉妍，江兰，黄峥，译. 北京：中国轻工业出版社，2015.

[9]［美］吉拉德·伊根. 高明的心理助人者：处理问题并发展机会的助人途径（第八版）. 郑维廉，译. 上海：上海教育出版社，2008.

[10]［加］莱斯利·S. 格林伯格著. 情绪聚焦疗法. 孙俊才，郭本禹，译. 重庆：重庆大学出版社，2019.

[11]［英］Richard Nelson-Jones. 实用心理咨询与助人技术. 江光荣，等，译. 北京：中国轻工业出版社，2008.

[12]［英］马克·威廉姆斯，丹尼·彭曼. 正念禅修——在喧嚣的世界中获取安宁. 刘海青，译. 北京：九州出版社，2017.

[13]［美］文森特·J. 丹德烈亚，彼得·萨洛维. 朋辈心理咨询：技巧、伦

理与视角（第2版）. 北京：中国人民大学出版社，2013.

[14] [英] 戴夫·默恩斯，布赖恩·索恩. 以人为中心心理咨询实践. 刘毅，译. 重庆：重庆大学出版社，2010.

[15] J. L. Walter, J. E. Peller. Becoming Solution-Focused in Brief Therapy. NewYork: Brunner/Mazel Pub, 1994.

[16] [美] R. K. James, B. E. Gilliland. 危机干预策略. 肖水源，周亮，等，译校. 北京：中国轻工业出版社，2000.

[17] [美] 芭芭拉·弗雷德里克森. 积极情绪的力量. 王珺，译. 北京：中国人民大学出版社，2010.

[18] [美] 马丁·塞利格曼. 持续的幸福. 赵昱鲲，译. 杭州：浙江人民出版社，2012.

[19] [美] 米哈里·契克森米哈赖. 心流：最优体验心理学. 张定绮，译. 北京：中信出版社，2017.

[20] [美] Scott T. Meier, Susan R. Davis. 心理咨询的要素（第五版）. 王谨，译. 北京：高等教育出版社，2009.

[21] 车文博. 人本主义心理学. 杭州：浙江教育出版社，2004.

[22] 江光荣. 心理咨询的理论与实务. 北京：高等教育出版社，2012.

[23] 江光荣. 人性的迷失与复归：罗杰斯的人本心理学. 武汉：湖北教育出版社，1999.

[24] 钱铭怡. 心理咨询与心理治疗. 北京：北京大学出版社，1994.

[25] 林孟平. 小组辅导与心理治疗. 上海：上海教育出版社，2005.

[26] 樊富珉. 团体心理咨询. 北京：高等教育出版社，2005.

[27] 傅小兰. 情绪心理学. 上海：华东师范大学出版社，2016.

[28] 黄惠惠. 助人历程与技巧. 成都：四川大学出版社，2006.

[29] 中国就业培训技术指导中心，中国心理卫生协会. 国家职业资格培训教程：心理咨询师（三级）. 北京：民族出版社，2012.

[30] 牛勇. 人本主义疗法. 北京：开明出版社，2012.

[31] 王民忠. 青春引航：北京高校深度辅导工作的理论与实践. 北京：北京交通大学出版社，2012.

[32] 许维素. 建构解决之道：焦点解决短期治疗. 宁波：宁波出版社，2013.

[33] 彭聃龄. 普通心理学. 北京：北京师范大学出版社，2002.

[34] 段鑫星，程婧. 大学生心理危机干预. 北京：科学出版社，2006.

[35] 牛格正，王智弘. 助人专业伦理. 上海：华东师范大学出版社，2018.

[36] 查晶. 高校辅导员深度辅导案例评析及育人工作指导手册. 北京：高等教育出版社，2014.